U0514933

谨以此书向 2024～2025 年中俄文化年献礼

Настоящее издание посвящено Годам культуры России и Китая 2024–2025

谨以此书庆祝俄罗斯莫斯科国立大学建校 270 周年

К 270-летию Московского государственного университета

东欧平原近冰川地带的
旧石器时代猎人

阿夫杰耶沃遗址

ПАЛЕОЛИТИЧЕСКИЕ ОХОТНИКИ ПРИЛЕДНИКОВОЙ ЗОНЫ
ВОСТОЧНО-ЕВРОПЕЙСКОЙ РАВНИНЫ
СТОЯНКА АВДЕЕВО

（俄）S.P. 梅德韦杰夫、（俄）A.P. 布日洛娃　著
С.П. МЕДВЕДЕВ, А.П. БУЖИЛОВА АВТОРЫ-СОСТАВИТЕЛИ

权乾坤　译
ЦЮАНЬ ЦЯНЬКУНЬ ПЕРЕВОД

文物出版社

图书在版编目（CIP）数据

东欧平原近冰川地带的旧石器时代猎人：阿夫杰耶沃遗址：汉文、英文、俄文 /（俄罗斯）S.P.梅德韦杰夫，（俄罗斯）A.P.布日洛娃著；权乾坤译. -- 北京：文物出版社，2025. 2. -- ISBN 978-7-5010-8743-3

Ⅰ. K885.121.11

中国国家版本馆CIP数据核字第2025DY6336号

审图号：京审字（2025）G第0628号

东欧平原近冰川地带的旧石器时代猎人
——阿夫杰耶沃遗址

著　　者　（俄）S.P.梅德韦杰夫
　　　　　　（俄）A.P.布日洛娃
译　　者　权乾坤
责任编辑　孙　丹
责任印制　张　丽

出版发行　文物出版社
社　　址　北京市东城区东直门内北小街2号楼
邮　　编　100007
网　　址　http://www.wenwu.com
邮　　箱　wenwu1957@126.com
经　　销　新华书店
制版印刷　天津裕同印刷有限公司
开　　本　889mm×1194mm　1/16
印　　张　16.25
版　　次　2025年2月第1版
印　　次　2025年2月第1次印刷
书　　号　ISBN 978-7-5010-8743-3
定　　价　420.00元

本书版权独家所有，非经授权，不得复制翻印

欧亚大陆环境演变与人类适应生物考古国际联合实验室系列丛书

Международная объединённая лаборатория биоархеологии эволюции окружающей среды и адаптации человека в Евразии. Книжная серия

编辑委员会

丛书总主编：张全超、A.P. 布日洛娃

主　　编：权乾坤

副　主　编：A.V. 苏霍娃、A.A. 穆欣

摄　　影：A.A. 穆欣

Редакционная коллегия

Главный редактор серии: А.П. Бужилова, Чжан Цюаньчао

Главный редактор: Цюань Цянькунь

Редакционная коллегия: А.В. Сухова, А.А. Мухин

Фотограф: А.А. Мухин

东欧平原近冰川地带的旧石器时代猎人

——阿夫杰耶沃遗址

ПАЛЕОЛИТИЧЕСКИЕ ОХОТНИКИ ПРИЛЕДНИКОВОЙ ЗОНЫ
ВОСТОЧНО-ЕВРОПЕЙСКОЙ РАВНИНЫ
СТОЯНКА АВДЕЕВО

目　录

前 言

　　俄罗斯莫斯科国立大学人类学研究所与博物馆的考古藏品中包括 600 多处单位，约 50 万件遗物。遗物来自俄罗斯（俄罗斯平原、乌拉尔、西伯利亚、远东），以及西欧和中欧（法国、比利时、英国、丹麦、奥地利、德国、瑞士）、东欧（波兰、乌克兰）、亚洲（高加索地区、中亚地区和也门、中国、日本）、非洲（阿尔及利亚、突尼斯、埃及）、北美洲和南美洲的各种遗址和墓葬。

　　1879 年，由莫斯科大学教授 A.P. 博格丹诺夫和 D.N. 阿努钦组织的莫斯科人类学展览，标志着该馆收藏的开始。G. 莫尔蒂耶、A. 布雷尔、布伊索尼兄弟和其他艺术赞助人赠送了来自圣阿舍利、梭鲁特雷、马格德林、夏特尔贝隆、勒普拉卡、劳格里胡特、拉奎纳等法国著名旧石器时代遗址的材料。机构（苏联民族博物馆、莫斯科国立大学民族学系物质文化史资料室）、私人的赠送和博物馆的收购进一步丰富了该馆藏品，但主要藏品还是以莫斯科国立大学人类学研究所与博物馆的考古发掘和调查所获为主。

　　迄今为止，莫斯科国立大学人类学研究所与博物馆考古部的藏品几乎涵盖了所有人类历史时期——从旧石器时代早期（奥杜威）一直到斯拉夫时期。这些藏品发现自旧石器时代、中石器时代、新石器时代、青铜时代、铁器时代和中世纪的遗址，包括洞穴、定居点、墓葬、库尔干的材料，涵盖了日常用品、工具、武器、装饰品和小型雕塑等。其中许多可以被称为艺术品，比如来自哈尔施塔特（奥地利）和卡马地区（阿南因和皮亚诺博尔文化）的铁器时代器物，来自非洲地区、丹麦以及圣劳伦斯岛和阿拉斯加独特的新石器时代器物和日常用品（雷尼教授赠送），来自法国的石器时代器物，以及来自著名的中国北京周口店洞穴的器物（中华人民共和国政府赠送给俄罗斯莫斯科国立大学）。

　　20 世纪 40 年代开始，莫斯科国立大学人类学研究所与博物馆和苏联科学院人类学研究所（现俄罗斯科学院人类学研究所，主要参与研究人员：M.V. 沃耶沃德斯基、A.N. 罗加乔夫、M.D. 格沃兹多维尔、G.P. 格里高利耶夫和 E.P. 布罗奇尼科娃）合作，经过多年发掘，从阿夫杰耶沃（库尔斯克地区）旧石器时代晚期遗址中收集了丰富的用猛犸象骨骼和象牙制作的艺术品和器物，这些遗物具有极大的价值。

　　A.I. 莫斯克维京、M.N. 格里先科和 A.A. 维利奇科对阿夫杰耶沃遗址的地质情况进行了研究。研究表明，尽管该遗址的位置异常低（仅高出罗戈兹纳河水位 3 米），但它显然位于洪泛平原和沼泽地之间的中间阶地（A.I. 莫斯克维京的观点）或超洪泛平原一级阶地（M.N. 格里先科的观点）的侵蚀遗存中。A.A. 维利奇科则认为，它是一块超洪积平原阶地。上述几位研究人员都将阿夫杰耶沃地点归于瓦尔代冰川期，并认为它的历史不会早于这一阶段的中期；而 M.N. 格里先科的研究则认为阿夫杰耶沃遗址和科斯京科 1 号遗址（上层）

的年代接近。

多年的研究表明，阿夫杰耶沃是东格拉维特文化圈中科斯京科－阿夫杰耶沃文化的典型遗址之一，其年代大约为距今 2.2 万~2 万年。众所周知，科斯京科－阿夫杰耶沃文化是东欧近冰川地带旧石器时代晚期的考古学文化，分布范围从顿河中游盆地一直延伸到奥卡河和白俄罗斯的波列西地区。20 世纪 50 年代，M.D. 格沃兹多维尔和 A.N. 罗加乔夫将其确认为一个独立的考古学文化，现在已将其纳入东格拉维特文化的范围。在现代奥地利和捷克共和国境内（包括多尔尼－维斯托尼采），这些遗址的年代为距今 2.8 万~2.4 万年（维林多夫和帕夫洛夫文化）。大约在距今 2.3 万~2.1 万年，这一文化的传承者向现代白俄罗斯的南部领土和俄罗斯平原的中部地区推进（别尔杰日文化、科斯京科－阿夫杰耶沃文化），保留了与中欧的联系。这种文化在奥卡盆地一直延续到 1.6 万年前。

阿夫杰耶沃是这一文化的代表性遗址，其特点是遗址布局复杂：中央是一排灶，周围是形状不规则的坑和储藏坑。阿夫杰耶沃遗址的居址是复杂的地面建筑，其边缘还有一些形状不规则的坑。1953 年，A.N. 罗加乔夫首次对其进行了研究并发表了文章。研究人员将该遗址的文化层定位为一个长椭圆形的范围，长 45 米、宽 19 米、深 20 米，面积约为 800 平方米。这组文化层的厚度从 0.10 米到 0.35 米不等。在椭圆形范围的边缘，发现了 15 个坑，面积为 2~8 平方米，呈不规则的梨形或 "8" 字形，距地表深 60~100 厘米。在坑的上部，发现大骨头和呈扇形摆放的象牙堆积物，很明显，这是覆盖在坑上的残留物。坑洞内通常只有一层填充物，主要是基岩的碎块，坑壁用猛犸象的肋骨和管状骨加固。A.N. 罗加乔夫（1953 年）认为，在他分析研究过的坑中，有 7 个是不规整的坑，尺寸更小的则是储藏坑。在椭圆形范围内发现了 70 多个小坑，多为储藏坑和洼坑，其中一些是自然形成的。人工洼坑深 10~15 厘米，面积从 2 平方米到 8 平方米不等，洼坑内通常有储藏坑。在洼坑边缘附近垂直挖掘出很多猛犸象骨头。据多位研究者的观点，这里是日常活动的地方（格沃兹多维尔，1958 年）。

阿夫杰耶沃遗址的遗物中，燧石工具包括凹形尖状器、叶形尖状器和科斯京科类型的石刀。科斯京科类型的石刀以石叶为毛坯加工而成，两端经过修整，当需要重新修整刀刃时，人们会从两端进行削片。在众多骨制品中，有镐、尖状器（部分顶端带造型）、手镯、头饰（既有用动物管状骨制作的，也有用猛犸象牙制作的），用鸟类翅膀的中空长骨制作的针，还有用猛犸象肋骨制作的疑似铲子和勺子，用狐狸和狼的牙齿制作的坠饰，用狐狸牙齿和猛犸象牙制作的爪形坠饰。值得注意的是，许多器物上都有雕刻，主要为几何纹饰，其元素有横向纹、排列规律的破折号、十字架、人字形和锐角形以及斜格纹。一些器物的顶端还装饰有人和动物的形象。需要强调的是，装饰部分通常有限，不会通体装饰。阿夫杰耶沃遗址出土的装饰品与科斯京科 1 号遗址出土的物品非常相似，与苏波涅夫、季莫诺夫卡、梅津、埃利塞维奇和普列兹莫斯等遗址出土的装饰品也很接近（格沃兹多维尔，1958 年）。

在遗物中占主要地位的是小型造型艺术物品——逼真的女性雕像（旧石器时代的"维纳斯"）和动物雕像，以及各种饰品和用猛犸象骨骼、象牙制作的纹饰丰富的工具，还包括北极狐、狼、狼獾和野兔的趾骨和跖骨，上面都刻有纹饰或者有造型。这些独特的材料中，有很大一部分尚未在学界公布。

欧亚大陆环境演变与人类适应生物考古国际联合实验室组织了特别丛书，拟出版一批特别重要的考古资料，这将成为彰显莫斯科国立大学引以为豪的丰富考古遗物的开端。这套丛书的第一辑收录了阿夫杰耶沃旧石器时代遗址的考古发现，该遗址展示了高水平的物质文化，为探讨东欧平原近冰川地带古代狩猎者的精神世界提供了可能。

本书作者

ПРЕДИСЛОВИЕ •

Археологические фонды НИИ и Музея антропологии МГУ имени Д.Н. Анучина состоят более, чем из 600 коллекций, содержащих порядка 500 тысяч предметов. Коллекции включают находки из разных поселенческих и погребальных археологических памятников России (Русская равнина, Урал, Сибирь, Дальний Восток), Западной и Средней Европы (Франция, Бельгия, Англия, Дания, Австрия, Германия, Швейцария), Восточной Европы (Польша, Украина), Азии (Кавказ, Средняя Азия, Республика Йемен, Китай, Япония), Африки (Алжир, Тунис, Египет), Северной и Южной Америки.

Начало сложению фонда положила московская Антропологическая выставка 1879 года, организованная профессорами Московского университета А.П. Богдановым и Д.Н. Анучиным. Для нее были приобретены или получены в дар от Г. Мортилье, А. Брейля, братьев Буиссони и других меценатов материалы таких известных палеолитических стоянок Франции как Сент-Ашель, Солютре, Мадлен, Шательперрон, Плакар, Верхняя Ложери, Ля Кина и др. В дальнейшем фонд пополнялся за счет даров и приобретений от частных лиц и учреждений (Музей народов СССР, Кабинет истории материальной культуры этнографического факультета МГУ), но, главным образом, за счет экспедиций НИИ и Музея антропологии МГУ.

К настоящему времени фонд отдела археологии Музея антропологии МГУ представлен коллекциями, охватывающими практически весь период человеческой истории: от древнего палеолита (олдован) до славянских древностей. Коллекции происходят из памятников эпох палеолита, мезолита, неолита, бронзового и железного веков, средневековья. Это материалы из пещерных стоянок и поселений, из свайных построек, могильников, курганов, городищ; они включают предметы быта, оружие, украшения и мелкую скульптурную пластику. Многие из них представляют собой подлинные произведения искусства. К коллекциям такого рода относятся собрания предметов железного века из Гальштата (Австрия) и Прикамья (ананьинская и пьяноборская культура), уникальные неолитические орудия и предметы быта из Африки, Дании, острова Святого Лаврентия и Аляски (дар проф. Рейни), орудия каменного века Франции, орудия из знаменитой пещеры Чжоукоудянь (дар правительства КНР МГУ).

Огромный интерес представляет богатейшая коллекция предметов искусства и орудий из кости и бивня мамонта верхнепалеолитической стоянки Авдеево (Курская область), которая была собрана за счет многолетних раскопок НИИ и Музея антропологии МГУ в партнерстве с ИИМК АН СССР (основные исследователи: М.В. Воеводский, А.Н. Рогачев, М.Д. Гвоздовер, Г.П. Григорьев и Е.П. Булочникова).

Геология Авдеевской стоянки изучалась А.И. Москвитиным, М.Н. Грищенко и А.А. Величко. Исследования показали, что стоянка, несмотря на свое необычно низкое залегание (всего 3 метра над уровнем р. Рогозны), лежит, очевидно, в эррозионном останце «промежуточной» террасы между поймой и боровой (по А.И. Москвитину) или первой надпойменной террасой (по М.Н. Грищенко). По А.А. Величко, это останец первой надпойменной террасы. Все названные исследователи относят стоянку Авдеево к валдайскому оледенению и считают, что она не древнее середины этого этапа. М.Н. Грищенко сближает во времени стоянку Авдеево и стоянку Костёнки 1 (верхний горизонт). За долгие годы изучения показано, что Авдеево – это один из опорных памятников костёнковско-авдеевской культуры из круга культур Восточного граветта, и датируется интервалом 22–20 тыс. лет назад. Как известно, костёнковско-авдеевской культура – это археологическая культура верхнего палеолита приледниковой зоны Восточной Европы, растянувшаяся от бассейна Среднего Дона до Оки и Белорусского Полесья. Как отдельная археологическая культура она была выделена в 1950-е годы М.Д. Гвоздовер и А.Н. Рогачёвым, в настоящее время входит в круг памятников восточного граветта. На территориях современной Австрии и Чехии (в том числе Дольни Вестонице) памятники датируются периодом 28–24 тыс. лет назад (виллендорфская и павловская культуры). Считается, что около 23–21 тыс. лет назад носители этих традиций продвинулись на южную территорию современной Белоруссии и средней части Русской равнины (Бердыж, костёнковско-авдеевской культура), сохраняя связи с Центральной Европой. В бассейне Оки культура продолжала существовать вплоть до 16 тыс. лет назад.

Для опорных памятников этой культуры и в том числе для Авдеево характерна сложная планировка стоянок (центральная линия очагов, окруженная полуземлянками и ямами-хранилищами). Жилище стоянки Авдеево – сложное наземное сооружение, дополненное по краю рядом ям полуземлянок. Впервые оно было изучено и опубликовано в 1953 г. А.Н. Рогачевым. Культурный слой стоянки был локализован исследователем в виде вытянутого овала, размером 45 м × 19 м–20 м, и имел площадь около 800 м². Мощность культурного слоя на этом комплекте колеблется от 0, 10 до 0,35 м. По краям овала было прослежено 15 краевых ям и полуземлянок, площадью от 2 до 8м², неправильно грушевидной формы или в виде восьмерки. По отношению к дневной поверхности они углублены на 60–100 см. В верхней части краевых ям обнаружены скопления крупных костей и веерообразно расположенных бивней, очевидно, остатков перекрытия ямы. В заполнении ямы обычно прослеживается культурный слой, что отделяющийся при разборке от материковой породы. Для укрепления стенок служили ребра и трубчатые кости мамонта. А.Н. Рогачев (1953) предполагал, что из изученного числа краевых ям – семь являются остатками жилых полуземлянок, а более мелкие – кладовых. На площадке внутри овала прослежено свыше семидесяти небольших ямок – хранилищ и ряд впадин. Отдельные из них естественного происхождения. Искусственные обширные впадины имеют размер от 2 до 8 м², глубину 10–15 см. Нередко внутри них есть ямки хранилища. У края впадин были вертикально вкопаны группы костей мамонта, по мнению разных исследователей это были места для выполнения домашних работ (Гвоздовер, 1958).

В коллекции Авдеево из кремневого инвентаря следует отметить наконечники с боковой выемкой, листовидные острия, ножи костёнковского типа, которые изготовлены на широких пластинах с подтеской концов, с которых снимались сколы при обновлении режущего края. Среди многочисленных изделий из кости – тёсла, острия с фигурными навершиями,наконечники копий, браслеты, диадемы из бивня мамонта, игольники из длинных полых костей крыльев птиц, есть т.н. лопаточки и лощила из ребер мамонта, подвески из зубов песца и волка, когтевидные подвески из зубов песца и бивня мамонта. Отметим, что на многих изделиях есть гравировка, в том числе геометрический орнамент, элементы которого состоят из поперечных, ритмично расположенных, черточек, крестиков, острых углов, образующих елочку или зубцы, а также косой клетки. Навершия некоторых орудий фигурно декорированы в виде изображений людей и животных. Подчеркнем, что орнаментированная часть поделки обычно ограничена и не распространяется на все изделие. Орнаменты, зафиксированные в Авдеево, очень похожи на то, что известно по изделиям из Костёнок 1, и близки к орнаментированным изделиям из Супонева, Тимоновки, Мезина, Елисеевичей и Пшедмости (Гвоздовер, 1958).

Среди предметов коллекции главное место занимают предметы мелкой пластики – реалистически выполненные женские статуэтки (палеолитические Венеры) и фигурки животных, а также многообразные украшения и богато орнаментированные орудия из кости и бивня мамонта. Предметы искусства представлены еще и орнаментированными фалангами и метаподиями песца, волка, росомахи и зайца. Значительная часть этих, в основной своей части, уникальных материалов до сих пор не введена в научный оборот.

Публикация особенно значимых и ценных археологических материалов в специальной книжной серии, организованной Международной китайско-российской биоархеологической лабораторией эволюции окружающей среды и адаптации человека в Евразии, послужит началом освещения богатых археологических фондов, составляющих гордость Московского университета. Первое издание этой серии посвящено коллекции археологических находок палеолитической стоянки Авдеево, демонстрирующей высокий уровень развития материальной культуры и дающей возможность проследить некоторые особенности духовного мира древних охотников приледниковой зоны Восточной Европы.

Авторы выпуска

The archaeological collections at the Anuchin Research Institute and the Museum of Anthropology at Moscow State University encompass over 600 distinct assemblages, comprising approximately 500,000 individual artifacts, including finds from a range of settlement and burial sites across Russia (such as the Russian Plain, Crimea, the Urals, Siberia, and the Far East), as well as from Western and Central Europe (France, Belgium, England, Denmark, Austria, Germany, Switzerland), Eastern Europe (Poland, Ukraine), Asia (including the Caucasus, Central Asia, the Republic of Yemen, China, and Japan), Africa (Algeria, Tunisia, Egypt), and both North and South America.

The research of these collections date back to the Moscow Anthropological Exhibition of 1879, organized by Moscow University professors A.P. Bogdanov and D.N. Anuchin, with artifacts either purchased or received as gifts from prominent Paleolithic sites in France, such as Saint Acheul, Solutré, Madeleine, Châtelperron, Le Placard, Laugerie Haute, and La Quina, through the generosity of G. de Mortillet and other patrons. Subsequently, the collections were expanded through donations and acquisitions from individuals and institutions (including Museum of the Peoples of the USSR and the Cabinet of the History of Material Culture of the Ethnographic Faculty of Moscow State University), though mainly through expeditions of the Research Institute and the Museum of Anthropology of Moscow State University.

Today, the archaeological collections at the Museum of Anthropology, Moscow State University, span nearly the entirety of human history, from the Lower Paleolithic (Oldowan) to Slavic antiquities. These collections encompass artifacts from sites of the Paleolithic, Mesolithic, Neolithic, Bronze, Iron Ages and the Middle Ages, which were excavated from cave sites, settlements, stilt houses, burial fields, kurgans and ancient towns, featuring items such as tools, weapons, personal ornaments, and small sculptures, and many of them are regarded as genuine works of art, such as the Iron Age items from Hallstatt (Austria) and the Kama region (Ananyino and Pyanobor culture), unique Neolithic tools from Africa, Denmark, St. Lawrence Island (a gift from Prof. Rainey), Stone Age tools from France, tools from the famous Zhoukoudian Cave (a gift from the Chinese government to Moscow State University)

One of the most notable collections comprises a rich array of art objects and tools crafted from bone and mammoth ivory, originating from the Upper Paleolithic site of Avdeevo (Kursk region), excavated over many years through a collaborative effort by the Research Institute and the Museum of Anthropology at Moscow State University, in partnership with the Institute of Material Culture of the USSR Academy of Sciences. Key researchers involved in this project included M.V. Voevodsky, A.N. Rogachev, M.D. Gvozdover, G.P. Grigoriev, and E.V. Bulochnikova.

The geology of the Avdeevo site was comprehensively studied by A.I. Moskvitin, M.N. Grishchenko and A.A. Velichko, suggesting that, despite its low elevation (approximately 3 meters above the Rogozna River), the site lies in the erosional remnant of an "intermediate" terrace located between the floodplain and an adjacent forest(according to A.I. Moskvitin) , in the first terrace above the floodplain(according to M.N. Grishchenko) or in the first terrace beyond the floodplain(according to A.A. Velichko). All of these three researchers attribute the Avdeevo site to the Valdai glaciation period and propose that it is no older than the middle phase of this stage. M.N. Grishchenko places the Avdeevo site temporally close to the Kostenki 1 (I layer) site.

Through extensive study, Avdeevo has been identified as a key reference site of the Kostenki-Avdeevo culture, which falls within the Eastern Gravettian cultural complex, and is dated to approximately 22,000–20,000 years ago. As a well known culture of the Upper Paleolithic, it originates in the periglacial zones of Eastern Europe, stretched from the Middle Don basin to the Oka River and the Belarusian Polesye and defined to be a individual one in the 1950s by M.D. Gvozdover and A.N. Rogachev while now being recognized as part of the Eastern Gravettian Culture. In Central Europe, sites associated with this cultural tradition date to approximately 28,000–24,000 years ago, as seen in the Willendorf and Pavlovian cultures of modern Austria and the Czech Republic (including Dolní Vestonice) and people bearing these traditions around 23,000–21,000 years ago are believed to have migrated to the southern regions of present-day Belarus and the central Russian Plain (associated with the Kostenki-Avdeevo culture). In the Oka basin, this culture persisted until approximately 16,000 years ago.

As a representative site of the Kostenki-Avdeevo culture, Avdeevo is characterized by a unique spatial arrangement, with a central line of hearths flanked by semi-subterranean dwellings and it possesses complex above-ground structures, supplemented along the edge by a series of semi-subterranean constructions. It was first documented and published in 1953 by A.N. Rogachev. The cultural layer of the site was ranging 0.10 to 0.35 m in thickness and outlined in an elongated oval measuring roughly 45 m×19 m, with a total area of approximately 800 m^2. 15 marginal pits and semi-subterranean dwellings were discovered on the edges of the oval. These dwellings were recessed 0.1–1 m below the day surface.They had the size of 2–8 m^2 and the shape of pear or figure-eight.In the upper parts of the marginal pits, concentrations of large bones and tusks were found, likely remnants of coverings for the pits. Along the pit floors, a cultural layer can often be observed, separating from the surrounding loam. Mammoth ribs and long bones were likely used to reinforce the pit walls. A.N. Rogachev (Рогачев, 1953) suggested that seven of the identified marginal pits represent semi-subterranean dwellings, while the smaller ones functioned as storerooms. Within the oval area, over seventy small storage pits and several depressions were traced, some of which are of natural origin. Artificial depressions vary in size from 2 to 8 square meters and are 10–15 cm deep. Often, smaller storage pits are found within these depressions, with mammoth bones sometimes embedded vertically along the edges, which may have been used as areas for daily household activities (Гвоздовер, 1958).

In the Avdeevo collection of flint implements, noteworthy items include shouldered points, leaf-shaped points, and Kostenki knives, which are made on wide blades with trimmed ends, from which flakes were removed when the cutting edge was renewed. Among the numerous bone artifacts are spearheads, points, bracelets, diadems made from both long animal bones and mammoth ivory, needle cases made from the long hollow bones of bird wings. The collection also includes spatulas and polishers made from mammoth ribs, as well as pendants crafted from arctic fox and wolf teeth, and claw-shaped pendants from arctic fox teeth and mammoth ivory. Many items feature were engraved with geometric patterns, with elements such as transverse, rhythmically arranged dashes, crosses, and sharp angles forming herringbone or toothed patterns, as well as oblique check patterns. The pommels of some tools are figuratively decorated with images of people and animals. It is notable that the ornamented sections are usually confined to specific parts of the object rather than covering the entire item. The ornamentation observed at Avdeevo is highly similar to that of items from Kostenki 1 and bears resemblance to ornamented artifacts from Suponevo, Timonovka, Mezin, Eliseevichi, and Předmostí (Гвоздовер, 1958).

Among the items in the collection, a prominent place is held by portable art objects, including realistically crafted female figurines, known as "Paleolithic Venuses," and animal figurines. The collection also features a variety of personal ornaments and richly decorated tools made from bone and mammoth ivory. Art objects are further represented by ornamented phalanges and metapodia from arctic foxes, wolves, and hares. A significant portion of these unique artifacts has not yet been fully introduced into scientific discourse.

The publication of particularly significant and valuable archaeological materials in a special book series organized by the International Chinese-Russian Bioarchaeological Laboratory of Environmental Evolution and Human Adaptation in Eurasia marks the beginning of illuminating the rich archaeological collections that are the pride of Moscow University. The first edition of this series is dedicated to the archaeological finds from the Paleolithic site of Avdeevo, showcasing a high level of material cultural development and offering insights into the spiritual world of ancient hunters in the periglacial zone of Eastern Europe.

By the Authors

东欧平原近冰川地带的旧石器时代猎人
—— 阿夫杰耶沃遗址

ПАЛЕОЛИТИЧЕСКИЕ ОХОТНИКИ ПРИЛЕДНИКОВОЙ ЗОНЫ
ВОСТОЧНО-ЕВРОПЕЙСКОЙ РАВНИНЫ
СТОЯНКА АВДЕЕВО

绪　论

ВВЕДЕНИЕ

绪　论 •────────

阿夫杰耶沃遗址位于俄罗斯库尔斯克地区塞姆河右岸的阿夫杰耶沃村附近，东距库尔斯克市 25 千米（图 0.1）。经过 80 多年的研究，在该遗址发现了 3 个不同时期的独立居址群（图 0.2）。该遗址属于旧石器时代晚期科斯京科 - 阿夫杰耶沃考古学文化，是东欧格拉维特工业群的一部分。

阿夫杰耶沃遗址位于俄罗斯中部高地的西南部。以波罗的海系统为参照，绝对海拔为 150 米。A.I. 莫斯克维京、M.N. 格里先科、A.A. 维利奇科、Y.N. 格里布琴科对该地的地貌进行了研究。根据最新数据，该遗址位于塞姆河超洪积平原一级阶地上，与罗戈兹纳河的现代洪积平原几乎重合。该阶地由中瓦尔代时期（距今 3 万~2.5 万年）的塞姆河冲积物形成（帕宁等，2017 年）。在遗址所在地区，阶地表面相当平坦，从北向南略有倾斜。阶地覆盖层上部的沉积物厚约 2 米，由亚黏土和亚砂土组成，在某些地方还可以看到含细粒砂的夹层。

阿夫杰耶沃 1 区的文化层位于距地表 1.2~1.5 米深处，仅限于青灰色和灰黄色黏土和壤土的上部（维利奇科，1961 年）。A.N. 罗加乔夫在聚落边缘地段（西部、东部、东南部）的上层堆积中发现了大量遗物（罗加乔夫，1953 年）。阿夫杰耶沃 2 区的文化层为绿色亚砂土，上面是浅灰黄色的砂层。阿夫杰耶沃 3 区堆积环境特殊，在绿色亚砂土上部有一个大面积（超过 50 平方米）的炭层，厚度为 1~10 厘米不等，大部分遗物发现于炭层中。此外，研究人员还注意到，在其上覆盖的亚黏土和砂层中也有遗物（布罗奇尼科娃，2012 年）。

根据对阿夫杰耶沃 2 区的古生物学研究，绿色亚砂土层及其上覆盖的沙层具有草原植被的特征。大量矮桦树（Betula nana）和桤木（Alnaster fruticosus）花粉的含量表明了这些沉积物形成的冰期条件（古博尼纳，1977 年）。阿夫杰耶沃 3 区文化层含有大量乔木和灌木花粉（50%~60%），其中以桦树（桦树科）花粉为主，另外，草本植物群的特点是具有中亲水性。所获得的数据表明，在古人类居住时期，遗址地区广泛分布着森林草原类型的复杂冰川植被，草原群落（可能是草甸草原）占据的空地与草本植物覆盖丰富的稀疏白桦林相结合。这种地貌与西西伯利亚南部的现代森林草原地区相似（格里布琴科等，2001 年）。

目前，阿夫杰耶沃遗址有 35 个放射性碳年代数据（表 0.1），年代范围为距今 2.3 万~1.1 万年。阿夫杰耶沃 1 区有两个数据年代为距今 1.8 万~1.6 万年，但年代背景和选择地点不确定。阿夫杰耶沃 2 区有 19 个年代数据，其中大部分在距今 2.2 万~2 万年（格沃兹多维尔、苏勒日茨基，1979 年；辛尼琴、普拉斯洛夫，1997 年；布洛奇尼科娃，2008 年）。阿夫杰耶沃 3 区的 2 个年代数据也表明其大约在 2 万年前。

科斯京科 - 阿夫杰耶沃考古学文化的特点是，包含几种典型的遗存：逼真的女性雕像、科斯京科类型的石刀、侧凹尖状器以及分布有规律的居址。目前这一文化包含如下几个遗址：阿夫杰耶沃，科斯京科 1 号（第一文化层）、13 号、14 号（第一文化层）、18 号，扎拉伊斯克和别尔杰日遗址。该文化与中欧一些遗址有遗传联系：维林多夫 2/IX（奥地利）、佩特科维采（捷克共和国）和克拉科夫 - 斯帕迪斯塔（波兰）。这些遗址组成了维

图 0.1 科斯京科 - 阿夫杰耶沃文化遗址

1.科斯京科　2.阿夫杰耶沃　3.扎拉伊斯克　4.别尔杰日

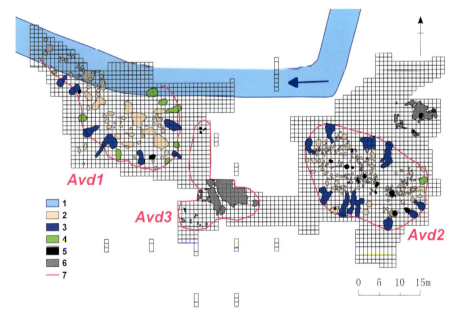

图 0.2 阿夫杰耶沃遗址居址群总平面图

1.罗戈兹纳河的现代河床　2.储藏坑
3.形状不规则的坑　4.边缘规整的坑
5.灶　6.灰烬　7.居址群边界
Avd1 阿夫杰耶沃 1 号居址群
Avd2.阿夫杰耶沃 2 号居址群
Avd3.阿夫杰耶沃 3 号居址群

Avd1

Avd3

Avd2

	1
	2
	3
	4
	5
	6
	7

0　5　10　15m

林多夫 - 科斯京科文化群落，与俄罗斯平原上以霍季列沃 2 区遗址和加加里诺遗址为代表的巴甫洛夫斯科 - 霍季列沃文化有关。在某些方面，这些遗址与科斯京科 - 阿夫杰耶沃文化很接近，都有燧石质石器、少量科斯京科类型的石刀和侧凹尖状器、女性雕像、用北极狐牙制成的带穿孔吊坠、顶端带造型的铲和帽形柄首尖状器。然而，它们也有不同之处：聚落结构和居址的特征不同以及燧石工具的特殊性（Anikovich 等），M.D. 格沃兹多维尔（1958 年）在汇总表 0.2 中展示了这些差异。

表 0.1　阿夫杰耶沃遗址放射性碳测年列表

	编号	材料	测年（BP）
1	IGAN−151	猛犸象牙齿	11950 ± 310
2	IGAN−78	猛犸象牙齿	13900 ± 200
3	QC−886	骨骼	16565 ± 270
4	GIN−9863a	猛犸象牙齿	16800 ± 1200
5	QC−621	骨骼	16960 ± 425
6	GIN−1571b	骨炭	17200 ± 1800
7	QC−887	骨骼	18500 ± 2100
8	GIN−9863	猛犸象牙齿	18500 ± 600
9	GIN−7727	猛犸象牙齿	19500 ± 500
10	GIN−1570g	骨炭	19800 ± 1200
11	GIN−7723	骨炭	19900 ± 400
12	GIN−1746	骨炭	20100 ± 500
13	GIN−6592	灶灰	20100 ± 300
14	GIN−6593	灶灰	20100 ± 200
15	GIN−6594	灶灰	20100 ± 400
16	GIN−11470	烟炱	20150 ± 350
17	GIN−7725g	骨炭	20200 ± 160
18	GIN−11471	骨炭	20240 ± 100
19	GIN−9861	猛犸象牙齿	20600 ± 700
20	GIN−9862	猛犸象牙齿	20600 ± 800
21	GIN−7727a	骨炭	20750 ± 350
22	GIN−1747	骨炭	20800 ± 200
23	GIN−1748	骨炭	21000 ± 200
24	IGAN−2535	骨炭	21000 ± 800
25	GIN−7726	骨炭	21100 ± 700
26	GIN−1569g	骨炭	21200 ± 200
27	GIN−7725	骨炭	21250 ± 600
28	GIN−4693	骨炭	21600 ± 400
29	GIN−1970	骨炭	22200 ± 700
30	GIN−7729	猛犸象牙齿	22200 ± 700
31	GIN−1969	骨炭	22400 ± 600
32	GIN−9860	猛犸象牙齿	22500 ± 900
33	GIN−1571g	骨炭	22700 ± 700
34	GIN−7724	骨炭	22800 ± 160
35	GIN−7728a	骨炭	23140 ± 430

表 0.2　欧洲旧石器时代不同遗址遗存情况的比较

文化特点	阿夫杰耶沃	科斯京科1号	别尔杰日	加加里诺	科斯京科4号	维林多夫	佩特科维采	普谢德莫斯提	莫拉旺	多尔尼－维斯托尼采	巴甫洛夫	朗－曼纳斯多夫IV	梅津	叶利谢维奇	苏波聂沃
1. 居址遗迹															
a) 深居址	+	+	?	+	+	+	+	+	+	+	+	+	+	+	+
b) 下凹的椭圆形区域	+	+	–	–	?	–	?			–		?		–	–
c) 圆形或椭圆形小型居址		+		+	+	+	+	+	+	+	+			+	+
2. 狩猎															
a) 猛犸象	+	+	+	+	+	+		+	+	+	+		+	+	+
b) 小动物	+	+	+	+	+	+	?	+	+	+	+	?	+	+	+
c) 狗的驯化	?	+	+					+							
3. 工具															
a) 侧凹尖状器	+	+	+	+	+	+	+	+	+		–		–		–
b) 非典型尖状器	+	+	+	–	+	+	+	+			+				
c) 叶形尖状器	+	+	–	+	+	+	+	–	+		+				
d) 科斯京科型石刀	+	+	+	+	?	+	+			?					
e) 微型石叶		+				+	+	+		+	+	+		+	+
f) 锯	+	–		+	+	–				+	+				?
g) 索鲁特式修整工具	+	+	+	+	+	+	+	–	+	–	+				
4. 骨制品															
a) 骨器的广泛和多样使用	+	–	?	?	+	+	?	+	?		+	?	+	+	+
b) 钻孔	+	+	–	–	?		+			+	+		+	+	+
c) 开槽	+	+	+	+	?	?	?	?		?	?				
d) 锄和镐	+	+												?	
5. 艺术品															
a) 女性雕像	+	+	–	+	+	+	+	+	+	+	+		?	+	
b) 动物造型	+			–	–	+				+	+		?		
c) 微型造型，黏土、泥灰岩、砂岩和其他软质材料制成的动物	+	+													
d) 几何纹饰	+	+		+	+	+	?	+	?	+	+	?	+	+	+

注："+"存在，"–"不存在，"?"可能存在。

ВВЕДЕНИЕ

Стоянка Авдеево расположена близ деревни Авдеево на правом берегу реки Сейм в Курской области России, в 25 км к западу от г. Курска *(Илл.0.1)*. В результате многолетних исследований, проводимых более 80 лет, на памятнике были открыты 3 отдельных хозяйственных комплекса *(Илл.0.2)*, функционировавших в разное время. Стоянка относится к костёнковско-авдеевской археологической культуре средней поры верхнего палеолита, входящих в группу индустрий граветта Восточной Европы.

Стоянка Авдеево располагается в юго-западной части Среднерусской возвышенности. Абсолютная высота 150 м по балтийской системе. Геоморфология памятника исследовалась А.И. Москвитиным, М.Н. Грищенко, А.А. Величко, Ю.Н. Грибченко. По последним данным, стоянка располагается на первой надпойменной террасе р. Сейм, которая практически совпадает с современной поймой р. Рогозны. Терраса сформировалась из аллювиальных отложений Сейма в средневалдайское время - 30–25 тыс. л.н.(Panin et al., 2017). В районе расположения стоянки поверхность террасы достаточно ровная, с небольшим уклоном с севера на юг. Верхняя часть покровных отложений террасы имеет мощность около 2 м, состоит из суглинков и супесей, местами прослеживаются прослои мелкозернистого песка.

Культурный слой комплекса Авдеево 1 располагался на глубине 1,2–1,5 м и был приурочен к верхней части зеленовато-серых и сизовато-жёлтых глинистых песков и супеси (Величко, 1961). А.Н. Рогачёв зафиксировал на ряде окраинных (западная, восточная, юго-восточная) участков поселения значительное количество находок в вышележащем слое суглинка (Рогачев, 1953). Культурный слой Авдеево 2 залегал в зеленоватой супеси. Выше находился светлый серо-жёлтый песок. Особенностью условий залегания находок на территории комплекса Авдеево 3 является наличие обширного (более 50 м^2) углистого прослоя, расположенного в верхней части зеленоватой супеси. Мощность углистого прослоя варьирует от 1 до 10 см, к нему приурочена основная часть находок комплекса. Кроме того, исследователи отмечают высокую плотность находок в вышележащих слоях суглинка и песка (Булочникова, 2012).

По данным палинологических исследований жилой площадки Авдеево 2 для слоя зеленоватой супеси и покрывающего его песка характерен степной тип растительности. На перигляциальные условия формирования этих отложений указывает содержание большого количества пыльцы карликовой берёзы (Betula nana) и ольховника (Alnaster fruticosus) (Губонина, 1977). Материалы из культурного слоя комплекса Авдеево 3 характеризуются высоким содержанием пыльцы деревьев и кустарников (50%–60%), среди которых преобладает пыльца березы (Betula sect. Albae). Для группы травянистых растений характерен мезофильный состав. Полученные данные показывают, что в период обитания древнего человека в районе стоянки была распространена комплексная перигляциальная растительность лесостепного облика. Открытые пространства, занятые степными сообществами (возможно луговые степи) сочетались с разреженными березовыми лесами с обильным травянистым покровом. Подобный ландшафт был похож на современную лесостепную область юга Западной Сибири (Грибченко и др., 2001).

Для стоянки Авдеево получен массив из 35 радиоуглеродных дат *(Табл.0.1)* в промежутке 23–11 тыс. л.н., К комплексу Авдеево 1 относятся две даты 18–16 тыс. л.н. с неопределённым контекстом и местом отбора. Для Авдеево 2 получено 19 дат, основная масса которых укладывается в диапазон 22–20 тыс. л.н. (Гвоздовер, Сулержицкий, 1979; Синицын, Праслов, 1997; Булочникова, 2008). Для комплекса Авдеево 3 есть 2 даты, которые характеризуют период бытования этой части памятника около 20 тыс. лет назад.

Памятники костёнковско-авдеевской археологической культуры характеризуются сочетанием нескольких дифференцирующих артефактов: реалистической женской статуэтки, ножа костёнковского типа, наконечника с боковой выемкой и определённого принципа организации жилого пространства. На сегодняшний день к ней относятся стоянки Авдеево, Костёнки 1 (I культурный слой), 13, 14 (I культурный слой), 18, Зарайск и Бердыж.

Иллюстрация 0.1. *Местоположение стоянок костёнковско-авдеевской культуры.*

1 – Костёнки, 2 – Авдеево, 3 – Зарайск, 4 – Бердыж.

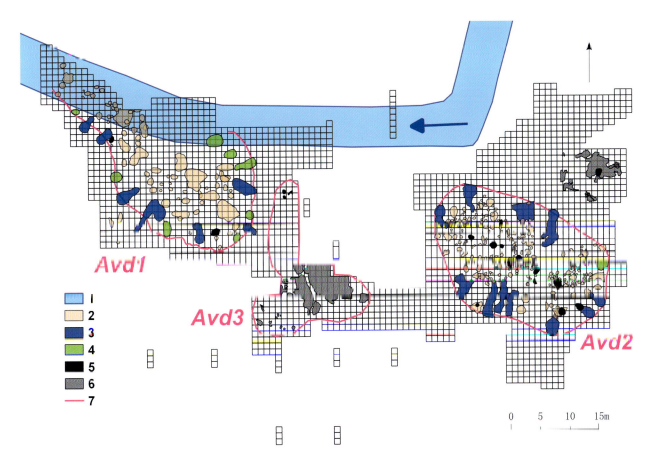

Иллюстрация 0.2. *Общий план комплексов стоянки Авдеево.*

1 – современное русло р. Рогозна, 2 – яма-хранилище, 3 – полуземлянка, 4 – краевая яма, 5 – очаг, 6 – зольность,
7 – граница комплекса, Avd1 – комплекс Авдеево 1, Avd2 – комплекс Авдеево 2, Avd3 – комплекс Авдеево 3.

Таблица. 0.1. Список радиоуглеродных дат стоянки Авдеево.

	Индекс	Материал	Дата （л.н.）
1	IGAN−151	Зуб мамонта	11950 ± 310
2	IGAN−78	Зуб мамонта	13900 ± 200
3	QC−886	Кость	16565 ± 270
4	GIN−9863a	Зуб мамонта	16800 ± 1200
5	QC−621	Кость	16960 ± 425
6	GIN−15716	Костный уголь	17200 ± 1800
7	QC−887	Кость	18500 ± 2100
8	GIN−9863	Зуб мамонта	18500 ± 600
9	GIN−7727	Зуб мамонта	19500 ± 500
10	GIN−1570r	Костный уголь	19800 ± 1200
11	GIN−7723	Костный уголь	19900 ± 400
12	GIN−1746	Костный уголь	20100 ± 500
13	GIN−6592	Зола	20100 ± 300
14	GIN−6593	Зола	20100 ± 200
15	GIN−6594	Зола	20100 ± 400
16	GIN−11470	Сажа	20150 ± 350
17	GIN−7725r	Костный уголь	20200 ± 160
18	GIN−11471	Костный уголь	20240 ± 100
19	GIN−9861	Зуб мамонта	20600 ± 700
20	GIN−9862	Зуб мамонта	20600 ± 800
21	GIN−7727a	Костный уголь	20750 ± 350
22	GIN−1747	Костный уголь	20800 ± 200
23	GIN−1748	Костный уголь	21000 ± 200
24	GIN−2535	Костный уголь	21000 ± 800
25	GIN−7726	Костный уголь	21100 ± 700
26	GIN−1569r	Костный уголь	21200 ± 200
27	GIN−7725	Костный уголь	21250 ± 600
28	GIN−4693	Костный уголь	21600 ± 400
29	GIN−1970	Костный уголь	22200 ± 700
30	GIN−7729	Зуб мамонта	22200 ± 700
31	GIN−1969	Костный уголь	22400 ± 600
32	GIN−9860	Зуб мамонта	22500 ± 900
33	GIN−1571r	Костный уголь	22700 ± 700
34	GIN−7724	Костный уголь	22800 ± 160
35	GIN−7728a	Костный уголь	23140 ± 430

Прослеживаются генетические связи с рядом стоянок Центральной Европы: Виллендорф 2/IX (Австрия), Петржковице (Чехия) и Краков-Спадиста (Польша). Их объединяют в виллендорфско-костёнковскую культурную общность, которой родственна павловско-хотылевская культура, представленная на Русской равнине стоянками Хотылево 2 и Гагарино. По некоторым признакам эти памятники близки к костёнковско-авдеевской культуре: в кремневом инвентаре в небольшом количестве присутствуют ножи костёнковского типа и наконечники с боковой выемкой; наличие женских статуэток, подвесок из клыков песца с прорезанными отверстиями, лопаточек с фигурным навершием и острий с навершием в виде шляпки. Однако есть различия: иная структура поселений; характер жилищ; особенности кремневых орудий (Аникович и др., 2019). В свое время они убедительно были показаны М.Д. Гвоздовер (1958) в сводной таблице 2.

Таблица 0.2. Сравнительные данные артефактов из различных европейских палеолитических памятников.

Особенности культуры	Авдеево	Костёнки1	Бердыж	Гагарино	Костёнки4	Виллендорф	Петржковице	Пиедмости	Мораваны	Дольни Вестонице	Павлов	Ланг-Маннерсдорф	Мезин	Елисеевичи	Супонево
1.Остатки жилищ															
а) Углубленное жилище	+	+	?	+	+	+	+	+	+	+	+	?	+	+	+
б) Овальная площадка с краевыми ямами	+	+	–	–	?	–	?			–	–	?	–	–	–
в) Небольшие округлые или овальные жилища		+		+	+	+	+	+	+	+	+		+	+	+
2.Охота															
а) На мамонта	+	+	+	+	+	+	+	+	+	+	+	+	+	+	+
б) На мелких животных	+	+	+	+	+	+	?	+	+	+	+	?	+	+	+
в) Приручение собаки	?	+	+					+							
3.Формы орудий															
а) Наконечник костёнковского типа	+	+	+	+		+					+				
б) Атипический наконечник	+	+	+	–	+	+	+	+	+		+				
в) Листовидный наконечник	+	+	–	+	+	+	+	+	+		+				
г) Ножи костёнковского типа	+	+	+	+	?	+	+	?	+		?				
д) Миниатюрные пластинки с притупленным краем	+	+				+			+	+	+	+	+		+
е) Шило	ǀ			+	–	+		+	+	ǀ	ǀ				?
ж) Солютрейская ретушь	ǀ	ǀ				+									
4.Обработка кости															
а) Широкое и разнообразное применение костяных орудий	+	–	?	?	+	+	?	+	?	+		?	+	+	+
б) Сверление отверстий	+	+	–	–	?			+			+		+	+	+
в) Прорезание отверстий	+	+		ǀ	ǀ	?	?	?	?	?	?				
г) Мотыги и тесла	+	+	–	–	+		+				ǀ	+	–	?	+
5. 艺术品															
а) Женские статуэтки	+	+	–	+	+	+		+	+	+	+	–	+		+
б) Изображение животных из кости	+	–		–	–			+				+		?	
в) Миниатюрные изображения животных из глины, мергеля, песчаника и др. мягких материалов	+			+				+	+	+			+		
г) Геометризованный орнамент	+	+		+	+	+	?	+	?	+		?	+	+	+

Условные обозначения: + наличие; – отсутствие; ? возможно наличие

东欧平原近冰川地带的旧石器时代猎人
——阿夫杰耶沃遗址

ПАЛЕОЛИТИЧЕСКИЕ ОХОТНИКИ ПРИЛЕДНИКОВОЙ ЗОНЫ
ВОСТОЧНО-ЕВРОПЕЙСКОЙ РАВНИНЫ
СТОЯНКА АВДЕЕВО

第一章

阿夫杰耶沃遗址研究简史

ГЛАВА 1
РАСКОПКИ ПАМЯТНИКА

一、20 世纪 40 年代至 60 年代的研究

阿夫杰耶沃遗址是 1941 年 6 月偶然发现的。集体农场队长 I.D. 阿夫杰耶夫在罗戈兹纳河被侵蚀的河岸上发现了一根猛犸象牙，并将其交给了库尔斯克地方志博物馆。随后，博物馆研究员 V.I. 萨姆索诺夫前往调查并发现该地点，收集了少量燧石工具和动物骨骼化石（夏维廖夫，2019 年）。1946 年 8 月，莫斯科国立大学人类学博物馆（现人类学研究所与博物馆）和苏联科学院物质文化史研究所组建了杰斯宁斯基考古科考队，队长 M.V. 沃耶沃德斯基在博物馆库房中看到这批材料后，决定对该地区进行考古调查（图 1.1）。他在之前 V.I. 萨姆索诺夫发现的地点进行了全面发掘（图 1.2），在发掘范围内发现了约 1500 件燧石碎片和工具，以及以猛犸象、马、狼、狐狸和熊为代表的古代动物群，确定了该遗址属于旧石器时代晚期。燧石石器包括侧凹尖状器、叶形尖状器和末端有削片痕迹的大石叶。在此基础上，阿夫杰耶沃遗址与科斯京科 1 号遗址上层的文化之间建立了密切联系（沃耶沃德斯基，1948 年）。

1947~1948 年，杰斯宁斯基考古科考队继续对该遗址进行研究。1949 年，苏联科学院物质文化史研究所列宁格勒分所和莫斯科国立大学人类学博物馆联合科考队在 A.N. 罗加乔夫的领导下，对该遗址进行了发掘和研究，发掘面积约 950 平方米。本次发掘发现了一个居住址，平面呈椭圆形，堆积厚度为 10~35 厘米，出土碎燧石、兽骨、木炭等（图 1.3）。文化层位于距地表 1.2~1.6 米深的褐色亚黏土下，灰褐色亚砂土层中（图 1.4）。居址周围有半圆形的坑和形状不规整的坑。出土的燧石工具和碎屑制品总计约 25000 件（表 1.1、1.2）。还发现了 166 件用猛犸象牙和骨骼制作的人工制品（表 1.3），包括饰有纹饰的人工制品、装饰品和艺术品。A.N. 罗加乔夫和 M.D. 格沃兹多维尔详细公布了对阿夫杰耶沃遗址进行研究的材料（罗加乔夫，1953 年；格沃兹多维尔，1953 年）。

正如 M.D. 格沃兹多维尔（1953 年）所指出的那样，阿夫杰耶沃的骨制品非常吸引人，通过对这些骨制品的研究，我们可以了解到旧石器时代晚期的骨制品加工技术，这种技

图 1.1 从罗戈兹纳河对岸观察阿夫杰耶沃遗址发掘现场，1946 年

图 1.2 M.V. 沃耶沃德斯基在阿夫杰耶沃遗址发掘现场，1948 年

东欧平原近冰川地带的旧石器时代猎人——阿夫杰耶沃遗址

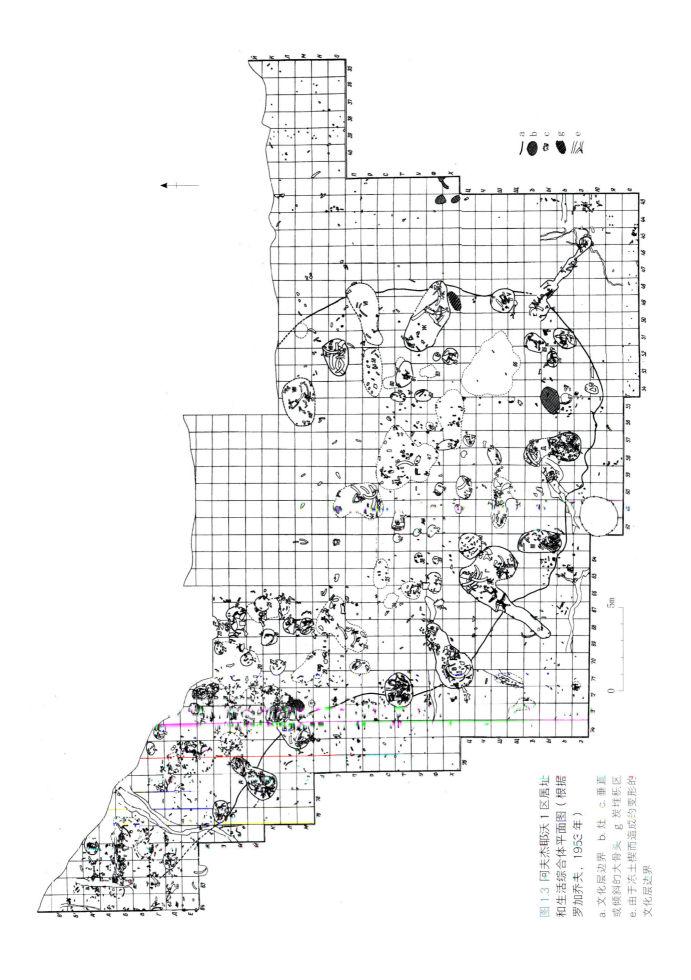

图 1.3 阿夫杰耶沃 1 区居址和生活综合体平面图（根据罗加乔夫，1953 年）

a. 文化层边界　b. 灶　c. 垂直或倾斜的大骨头　g. 发性堆积区
e. 由于活土楔而造成的变形的文化层边界

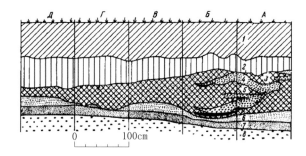

图 1.4 阿夫杰耶沃 1 区居址群 XII 号发掘区西壁剖面图，1948 年（根据沃耶沃德斯基、阿里克霍娃 - 沃耶沃德斯卡娅，1950 年）

1. 棕色亚黏土　2. 黄色亚黏土　3. 灰色亚黏土（含有烧焦的骨头堆积）　4. 灶（底部有炭堆积）　5. 灰色亚砂土　6. 沙层　7. 浅棕色沙土　8. 浅蓝色黏土

术比燧石加工技术更鲜为人知。在遗址生活区发现的大部分动物骨骼上都有不同原因造成的划痕和切割、摩擦的痕迹。在人类活动遗留下的痕迹中，我们首先应该注意到残留在狩猎动物骨骼上的痕迹，比如肢解尸体、剥皮、食用时分离骨肉的痕迹等。各种动物趾骨上杂乱无章的划痕是用燧石工具剥皮时造成的；肢解肌肉韧带和肌腱的痕迹通常以划痕和单个浅切口的形式保存在动物骨骼的表面，甚至更常见于肋骨基部；肋骨内侧锋利的纵向长切口是开膛破肚时留下的；进食分离肉类时会在骨头上留下成组的略微倾斜的深划痕；为了取出骨髓，长骨的骺端会被折断，骨体则会被强力击打纵向劈开。

骨头也用于燧石的加工。通常，肋骨或管状骨的断块以及猛犸象牙的断块都可以用来修整石器。在其扁平的一侧靠近末端的地方，会有许多特有的压痕——凹槽，这是修整燧石边缘时留下的痕迹。

在有加工痕迹的骨骼中，有必要单独列出猛犸象肋骨的残片。它们的末端磨损严重，尖头处还露出海绵状物质，末端形状和磨损特征都相当稳定。在显微镜下仔细观察这些工具，尽管其中一些保存较差，但仍能发现与用镐相似的痕迹。在季莫诺夫斯卡亚遗址中也有类似的肋骨做的挖掘器，在埃利塞耶维奇遗址也有很多。

阿夫杰耶沃遗址的代表工具是所谓的"锄"或"镐"。镐头形状的完整性和加工的完美性证明了这是一种成熟、发达的工具，同时，也证明了该遗址居民在骨器加工方面的高超技艺。在研究阿夫杰耶沃遗址的骨镐时，我们将科斯京科 1 号遗址的骨镐与之进行比较，发现只有一个骨镐的柄部有明显的横向刻线，这显然是为了防滑。此外，阿夫杰耶沃遗址出土的两个骨镐上的角形纹饰与科斯京科 1 号遗址出土的一个骨镐上的纹饰相似。虽然这些工具的使用范围很广，但很难断定其功能。在阿夫杰耶沃遗址还发现了3 枚骨针的断块。它们由管状鸟骨制成，上部边缘经过仔细切割和磨平，有的还装饰有几条平行的虚线。另外还发现一组装饰品和小型雕塑制品。

如果将阿夫杰耶沃遗址的骨制品与年代相近遗址的遗物进行比较，科斯京科 1 号遗址和普谢德莫斯提遗址的材料最值得关注，而且后者在地理位置上与阿夫杰耶沃遗址相距更远。科斯京科 1 号遗址几乎包含了阿夫杰耶沃遗址所有种类的骨制品和装饰品（镐、挖掘器、抛光器、箍、带"兽足"形状端头的尖状器等）。这种相似性不仅体现在遗物的形状上，还体现在两个遗址所使用的骨角器加工技术方法上。

两个遗址在艺术和纹饰上也具有同样的相似性。科斯京科 1 号遗址中有许多女性雕像与阿夫杰耶沃遗址的非常接近，不过科斯京科 1 号遗址的雕像更具艺术性和写实性。

科斯京科 1 号的器物纹饰，主要元素有斜十字、平行短划线以及较少见的人字形纹饰组合。器物的纹饰部分通常与非纹饰部分分开；在大多数情况下，纹饰只位于物品的边缘。但是，阿夫杰耶沃遗址出土器物上的纹饰更为丰富和发达：人字纹更为常见，还出现了斜格纹，这在科斯京科 1 号遗址中完全没有。阿夫杰耶沃遗址的器物有一整套纹饰组合，而科斯京科 1 号遗址却没有。与科斯京科遗址相比，阿夫杰耶沃遗址的纹饰似乎代表了下一个阶段，并与埃利塞耶维奇、蒂莫诺夫卡、梅津等马格德林早期的遗址圈趋于一致（苏波聂沃的几何装饰、蒂莫诺夫卡的斜方格和"梯子形"纹、埃利塞耶维奇和苏波聂沃的波浪纹和鱼鳞纹、梅津的曲折形纹、埃利塞耶维奇的象牙形纹）。

研究人员在比较阿夫杰耶沃与普谢德莫斯提的材料时发现，两处遗址中均出土了用猛犸趾骨制作的人形雕像，这些雕像不仅造型手法相似，且均采用盘状骨片雕刻而成。加之共存的猛犸象雕塑与几何纹饰，似乎暗示着这两处遗址间存在密切关联。特别是在普谢德莫斯提遗址中，钻孔和凿琢技术广泛使用。此外，在普谢德莫斯提遗址中没有女性雕塑，但却有人物平面雕刻图案（格沃兹多维尔，1953 年）。然而，将阿夫杰耶沃遗址与科斯京科 1 号遗址进行比较，却发现二者有一定差异。

很明显，阿夫杰耶沃遗址和普谢德莫斯提遗址之间的相似性，更多的是缘于文化和历史的共同性，而科斯京科 1 号遗址和阿夫杰耶沃遗址材料之间惊人的相似性，则不仅仅是由广泛的历史共性造成的。从这二者我们既看到了文化外观整体上的接近，也看到了最微小细节上的相似。有趣的是，阿夫杰耶沃和科斯京科 1 号遗址的燧石可能取自同一矿床，这两个遗址的动物群非常相似，阿夫杰耶沃聚落的居址群在布局上与科斯京科的也几乎完全一致。

因此，在研究的早期阶段，对阿夫杰耶沃材料和科斯京科 1 号遗址上层文化居址群进行比较，结果显示二者在居住地布局、石器和骨骼加工技术、工具类型、小工艺品和艺术品等方面存在明显的对应关系。在此基础上，研究人员对科斯京科 – 阿夫杰耶沃考古学文化进行了区分，并将其与东格拉维特时期的维林多夫（奥地利）、莫拉旺、佩特科维采和普尔泽德莫比（当时属捷克斯洛伐克）等遗址联系起来（罗加乔夫，1957 年；格沃兹多维尔，1958 年）。

二、20 世纪 70 年代至 90 年代的研究

1972 年，莫斯科国立大学人类学研究所与博物馆和苏联科学院物质文化史研究所联合科考队在 M.D. 格沃兹多维尔和 G.P. 格里高利耶夫的带领下，开始对遗址以东地区进行勘探，考古工作得以恢复。之所以选择这个地点，是因为在集体农场挖了一条长 150 米、宽 1.5~2 米、深达 1.5 米的壕沟。这条壕沟穿过了遗址的文化层，壕沟的剖面上可见灶、坑和大型猛犸象骨骼的遗迹。[1] 在 1972~1992 年间，科考队对阿夫杰耶沃遗址的第二个居址群进行了发掘和研究。2 区位于 1 区以东 30 米处，它是科斯京科 – 阿夫杰耶沃类型的居住遗址。遗址面积约 400 平方米，遗存密集区呈椭圆形，有 10 个形状不规整的坑和 1 个灰坑，沿西北—东南方向的长轴线上有一排大型灶（图 1.5）。文化层为绿色亚砂土，上覆中粒砂土，在其下部发现了一些遗物（图 1.6）。2 区收集到的石器和剥片产品近 4

[1] 在部分文献中，第 1 区被称为老阿夫杰耶沃（ABC）或阿夫杰耶沃 1 区，第 2 区被称为新阿夫杰耶沃（AVN）或阿夫杰耶沃 2 区。

表 1.1　阿夫杰耶沃遗址出土的燧石制品

类别	阿夫杰耶沃 1 区		阿夫杰耶沃 2 区		阿夫杰耶沃 3 区	
	数量	百分比	数量	百分比	数量	百分比
石核	95	0.39	350	0.89	386	2.35
带有石核台面的断块	397	1.64	287	0.73	229	1.40
有脊石叶和石片	203	0.84	609	1.54	371	2.26
工具	2750	11.37	4922	12.46	1643	10.01
修整剥片	3216	13.30	4423	11.20	499	3.04
石叶断片	2262	9.35	8622	21.83	3535	21.54
石片	2570	10.63	12506	31.66	6125	37.31
碎屑	12687	52.47	7777	19.69	3627	22.10
总计	24180		39496		16415	

表 1.2　阿夫杰耶沃遗址出土的燧石工具

类别	阿夫杰耶沃 1 区		阿夫杰耶沃 2 区		阿夫杰耶沃 3 区	
	数量	百分比	数量	百分比	数量	百分比
科斯京科型石刀	744	27.05	505	10.26	33	2.01
侧凹尖状器	174	6.33	353	7.17	9	0.55
叶形尖状器	23	0.84	76	1.54	13	0.79
边缘钝化的石叶	228	8.29	469	9.53	793	48.27
带鱼鳞状修整的锛状器	18	0.65	+			
雕刻器	622	22.62	879	17.86	373	22.70
端刮器	54	1.96	56	1.14	119	7.24
尖状器	35	1.27	224	4.55	7	0.43
截断石叶	22	0.80	58	1.18	1	0.06
石钻和石锥	19	0.69	54	1.10	30	1.83
锯齿刃器	21	0.76	133	2.70	3	0.18
刮削状器	30	1.09	42	0.85		
带修整的石叶和石片	580	21.09	1546	31.41	250	15.22
复合工具	157	5.71	363	7.38	12	0.73
其他	23	0.84	164	3.33		
总计	2750		4922		1643	

表 1.3　阿夫杰耶沃遗址采集的象牙、骨、角和泥灰岩人工制品

类别	阿夫杰耶沃 1 区	阿夫杰耶沃 2 区	阿夫杰耶沃 3 区	总计
工具				
挖掘器	9	16		25
镐	8	15		23
镞	2	5		7
尖状器（末端有帽形装饰）	4	9	1	14
类三角形尖状器（末端有动物形装饰）	3	4		7
尖状器（末端有造型装饰）		3		3
针		4		4
锥和其他利器	9	36		45
铲形器和勺形器	44	133		177
针形器	3	45		48
其他工具		3		3
艺术品				
有凸起的球	1	20		21
带有纹饰的动物肢梢	7	31		38
猛犸象肢梢和象牙上切削下来的条状物	1	1		2
球形物		10		10
四棱棒		3		3
其他艺术品	13	3	1	17
装饰品				
冠状头饰	23	12		35
手镯	2	3		5
骨管		5		5
爪形吊坠		10		10
牙坠	30	115		175
泥灰岩吊坠		27		27
小型雕塑				
猛犸象肢梢加工成的人像	1	1		2
动物形小雕像	1	3		4
兽首雕像	2			2
女性象牙雕像	3	5	1	9
男性象牙雕像		1		1
用泥灰岩制作的女性雕像		14		14
总计	166	567	3	736

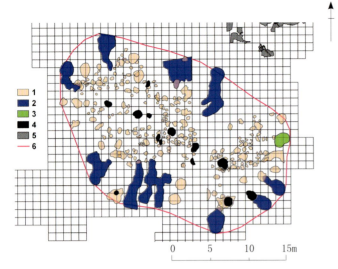

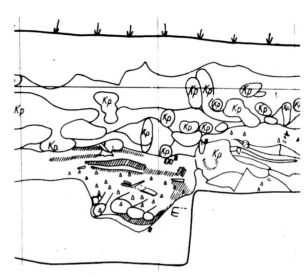

图 1.5 阿夫杰耶沃 2 区居址和生活综合体平面图

1.储藏坑　2.形状不规则的坑　3.坑　4.灶　5.灰烬　6.遗存边界

图 1.6 阿夫杰耶沃 2 区居址和生活综合体探方 "b" "c" 西壁的剖面图（根据格沃兹多维尔，1973 年）

万件（见表 1.1 和 1.2），象牙、骨和泥灰岩制品有 567 件（见表 1.3）。

通过对阿夫杰耶沃 1 区和 2 区的燧石制品进行分析，研究人员得出了一个重要结论，即科斯京科 – 阿夫杰耶沃文化居住类遗址的特点是，文化层中的燧石比例较低。这些遗址中燧石的比例是一个重要指标，也是科斯京科 – 阿夫杰耶沃文化的特征。[2] 人群在选择某种类型的燧石原料时，考虑质量和大小，因此在获取原料和使用燧石方面都形成了稳定的行为模式（外来原料、根据形状和大小选择燧石、初级剥片方式、节约使用燧石等）。燧石的质量、大小和剥片技术会导致工具坯料相对较大和较厚。燧石石叶在平面和剖面上都呈现出奇特的形状。在某种程度上，二次加工技术是由特定坯料的性质（大块、不平整、弯曲等）预先决定的。为不同类别的器物选择合适的坯料是显而易见的，并根据需要通过各种二次处理来实现所需的形状。这种行为模式成为科斯京科 – 阿夫杰耶沃文化的传统。

工具是以石叶、石片、断块、削片以及细石叶为毛坯制作的。几乎所有已知的旧石器时代晚期的二次加工技术在阿夫杰耶沃都能找到：1.雕刻器技术得到了广泛应用，它既可用于制作雕刻器，也可用于更新工具边缘、加工背部，或者制作置柄区域；2.刃缘修整，以不同的锋利度修整工具刃缘；3.钝化修整；4.从腹面开始减薄修整；5.修整底部；6.鱼鳞状修整技术。

石制品主要用优质燧石原料，结构均匀。石器和石叶的最大尺寸达到 20 厘米。在阿夫杰耶沃 2 区发现了一组长度超过 20 厘米的石叶。在阿夫杰耶沃 1 区的工具和石叶中，约有 15% 超过 8.5 厘米；除了大型人工制品外，还有细石叶和工具。

M.D. 格沃兹多维尔（1998 年）在谈到这些材料时，提示要注意这样一个现象，即在科斯京科 – 阿夫杰耶沃文化的所有遗址中，石核的比例相对较低（0.39%~0.8%），石

[2] 这一现象似乎与研究人员注意到的中欧一些遗址的情况类似，在这些遗址中，使用的大多不是当地的燧石，而是外来的所谓 "波罗的海燧石"。

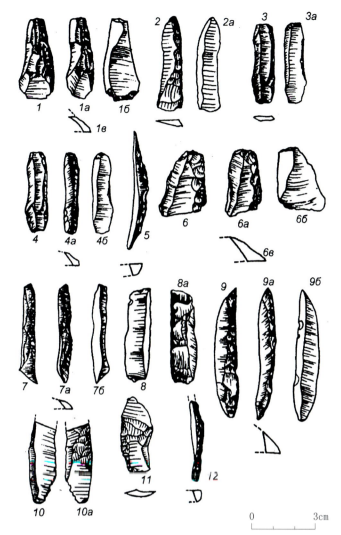

图 1.7 阿夫杰耶沃 1 区遗物

1~4、6、8、10、11. 平边石片　5、7、9、12. 雕刻器（根据格沃兹多维尔，1998 年）

器的比例较高（10.9%~12.4%）。在一些非边缘区域，石器的比例达到了 30%，复原工具的比例也非常高（11.9%~13%）。根据这些指标，格沃兹多维尔认为科斯京科 – 阿夫杰耶沃文化遗址与其他大多数遗址有很大不同。不过，研究人员也注意到，在其他远离原材料产地的一些遗址中，石核的比例也很低。

在科斯京科 – 阿夫杰耶沃文化中，有一类形态特殊、数量众多的器物——特殊的平边石片（图 1.7）。此类石片与其他器物（边刃器、雕刻器等）的不同之处在于其削片角度。它是一种横截面扁长的近三角形石片，器形表面略微凹陷。削片是通过一定角度的打击实现的，这样，削片就会占据器身腹部相对较窄的部分和背部相对较宽的表面。这类器物末端往往还保留了一部分台面，它的背面有时还保留着修整、磨损的痕迹和在此之前剥片留下的石片疤。此外，削片还用来减薄纵向刃口腹部和背部之间的夹角（使其锋利）。其他文化的遗址很少使用这种剥片方法，即使有也是个例。

到 20 世纪 90 年代中期，M.D. 格沃兹多维尔对阿夫杰耶沃两个居址群的材料进行了详细、系统地总结研究，出版了《石器分类》（格沃兹多维尔，1998 年）、《用象牙、骨头和泥灰岩制作的器物、人工制品和艺术品类型学》（格沃兹多维尔，1953 年、1985 年、1995 年）。

格沃兹多维尔认为，百器和骨器的类别、类型和制作方法再次显示出阿夫杰耶沃与利斯京科 1 号上层居址群的惊人相似之处。

这一时期对近冰川地带旧石器时代遗迹的科学研究也属于东格拉维特年代划分的范畴（瓦招前，1981 年；斯汉博达，1994 年、1996 年）。通过大量放射性碳年代测定，研究人员推测出了"东格拉维特"的年代划分方案。

格拉维特早期——距今 3 万~2.7 万年。包括维林多夫 2 号第 5 层、多尔尼 – 维斯托尼采 1 号和 2 号遗址的一部分。

发达的格拉维特时期——距今 2.7 万~2.4 万年。包括维林多夫 2 号第 6~8 层，多尔尼 – 维斯托尼采 1 号和 2 号遗址的一部分，帕夫洛夫 1 号（1952 年和 1953 年发掘）和普谢德莫斯提的大部分材料。这一阶段的遗址主要有 2 个方面的区别，即有无边缘修整、有无细石器。

晚期科斯京科 – 维林多夫格拉维特——距今 2.4 万~2 万年。包括维林多夫 1 号、维

图 1.8 阿夫杰耶沃 3 区居址和生活综合体的灰斑，2006 年

图 1.9 阿夫杰耶沃 3 区居址和生活综合体平面图及炭屑分布示意图

　　　　　　　　　东欧平原近冰川地带的旧石器时代猎人——阿夫杰耶沃遗址

林多夫 2 号（第 9 层）、佩特科维采、普谢德莫斯提遗址的部分材料、莫拉旺遗址以及科斯京科 – 阿夫杰耶沃遗址。

三、1995~2019 年的研究

1995~2019 年是阿夫杰耶沃遗址研究的新阶段。主要是研究 1 区居址群东南侧和 2 区居址群西侧的区域。这一时期，莫斯科国立大学人类学研究所与博物馆以及苏联科学院物质文化史研究所的联合考古工作由 G.P. 格里高利耶夫和 E.V. 布罗奇尼科娃领导。[3] 这次发现了另一个居址群——阿夫杰耶沃 3 区，其特征是有不少燧石碎屑和细碎骨炭堆积。它与阿夫杰耶沃遗址的其他居址群不同，几乎没有人工洼坑（只发现了一个坑——160 号），而且有厚达 10 厘米的木炭层（图 1.8、1.9、1.10）。燧石制品的特点是石料特殊以及大量刃部钝化的器物（布罗奇尼科娃，2012 年）。

目前，在 S.P. 梅德韦杰夫的领导下，莫斯科国立大学人类学研究所与博物馆的阿夫杰耶沃旧石器科考队正在该遗址继续开展工作。他们正在用地球物理方法对遗址进行研究，并对阿夫杰耶沃三个居址群之间的空间进行考古调查，还进行了区域探地雷达和磁力测量。这项工作的主要目的是弄清每个居址群文化层的分布边界、它们的年代和地层相关性。在阿夫杰耶沃遗址，他们使用了全球定位系统来研究超洪泛平原阶地的结构。地质层位研究的对象是亚黏土、亚砂土和沙土层的边界以及含水层位置。研究人员绘制了洪泛平原亚黏土等值面图，该图可能反映了该遗址定居时的古地形（图 1.11）。该图描绘了人类居住地的高程和分隔它们的凹地（可能是水道），高差约为 1 米。遗址所在地的地形比现在更加崎岖不平。地球物理数据得到了坑探和钻探结果的证实（布里切娃

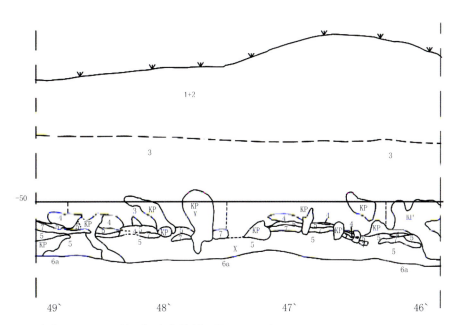

图 1.10 阿夫杰耶沃 3 区居址群探方北壁剖面图，2002 年

1、2. 草甸土和棕色亚黏土　3. 棕色亚黏土　4. 沙土　5. 绿色亚砂土　6a. 层状沙土　7. 炭夹层

[3] 研究人员将这一区域称为"两单位之间的空间"（MOP）。

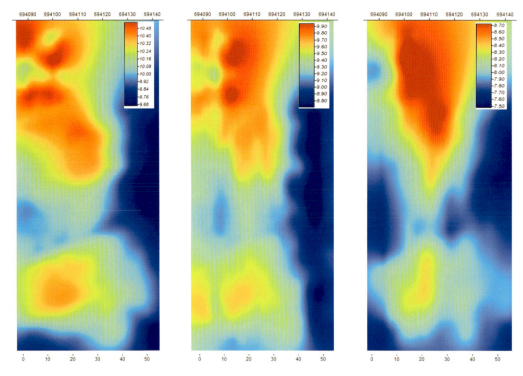

图 1.11 根据地探数据重建古代地形

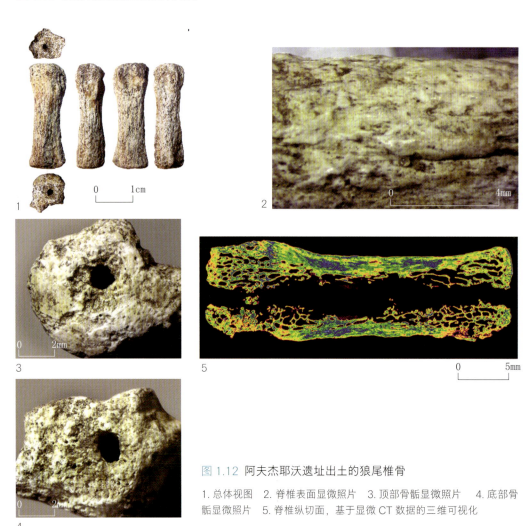

图 1.12 阿夫杰耶沃遗址出土的狼尾椎骨

1.总体视图　2.脊椎表面显微照片　3.顶部骨骺显微照片　4.底部骨骺显微照片　5.脊椎纵切面,基于显微 CT 数据的三维可视化

表 1.4　阿夫杰耶沃遗址采集的动物组成

	拉丁名	阿夫杰耶沃 1 区		阿夫杰耶沃 2 区		阿夫杰耶沃 3 区
		MNB	MNI	MNB	MNI	有 / 无
猛犸象	*Mammutus primigenius*	551	85	很多	很多	+
北极狐	*Alopex lagopus*	489	36	>6000	130	+
旱獭	*Marmota* sp.	367	27	>500	26	
狼	*Canis lupus*	283	12	3000	63	+
披毛犀	*Coelodonta antiquitatis*	45	3	23	3	
驯鹿	*Rangifer tarandus*	22	2	20	3	+
野兔	*Lepus* sp.	15	5	13	1	
宽趾马	*Equus caballus* cf. *latipes*	14	3	58	3	+
黄鼠	*Citellus* sp.	4	1	1	1	
狼獾	*Gulo gulo*	4	2	263	15	
赛加羚羊	*Saiga* sp.	2	1	2	1	
洞狮	*Panthera spelea*			250	5	
棕熊	*Ursus arctos*			12	2	
野牛	*Bison priscus*			6	1	
鼹鼠	*Spalax microphthalmus*			1	1	

等，2016 年；布里切娃等，2019 年；梅德韦杰夫等，2019 年）。

　　阿夫杰耶沃的动物群与猛犸象群存在对应关系（表 1.4）。猛犸象、北极狐、狼和旱獭的骨骼在阿夫杰耶沃 1 区和 2 区居址和生活综合体中占主导地位，此外还有披毛犀、马、鹿、野兔、赛加羚羊、狼獾、棕熊和洞狮的遗骸。在阿夫杰耶沃 3 区发现的动物骨骼要少得多，其中有猛犸象、狼、北极狐和鹿。

　　2018 年，研究人员在第 2 居址和生活（阿夫杰耶沃 2 区）西南 8 米处进行调查，发现了一个地层，主要由少量兽骨碎片和炭组成。地层中包含少量燧石制品和可辨认的动物骨骼、牙齿，其中包括一个带穿孔的狼尾椎。一组学者对该椎骨进行了形态描述、痕迹分析，并通过计算机断层扫描对该椎骨进行了研究（梅德韦杰夫等，2020 年）。研究发现，该脊椎骨是狼的第九节尾椎骨。椎管口呈不规则的圆形，边缘呈锯齿状，有棱角。椎管口的整体构造为锯齿状，在椎管的中央部分有一个钝角交界处，其直径在整个椎管内并不均匀。在椎骨骺端，椎管口周围有小的起伏凹陷，凹陷处的表面结构呈多孔状。研究表明该尾椎上有一个沿椎体长轴纵向分布的穿孔（图 1.12），研究者提出了关于该椎骨穿孔是人为成因的假设，这一推论具有充分依据。其证据在于椎管起始处两端关节面均呈现凹陷形貌，另外椎管两半部分的接合处呈钝角（梅德韦杰夫等，2020）。

ГЛАВА 1
РАСКОПКИ ПАМЯТНИКА

1. Исследования 1940-х – 1960-х годов

Стоянка была открыта случайно в июне 1941 года. Колхозный бригадир И.Д. Авдеев передал в Курский краеведческий музей бивень мамонта, обнаруженный в размытом береге р. Рогозны. На место находки выехал научный сотрудник музея В.И. Самсонов и собрал небольшую коллекцию кремневых орудий и костей ископаемых животных (Щавелёв, 2019). В августе 1946 г. в фондах музея с этими материалами ознакомился М.В. Воеводский (Илл. 1.1.), руководитель Деснинской археологической экспедиции Государственного Музея антропологии МГУ и Института истории материальной культуры АН СССР. Было принято решение провести археологическое обследование территории. На месте сборов В.И. Самсонова был заложен полноценный раскоп (Илл. 1.2.), в пределах которого было обнаружено около 1,5 тыс. предметов расщеплённого кремня и орудий, скопления костей древних животных, представленных мамонтом, лошадью, волком, песцом и медведем. Стоянка была отнесена к эпохе верхнего палеолита. В кремневом инвентаре были особо выделены наконечники с боковой выемкой, лавролистные острия и крупные пластины со стёсанными концами. На этом основании была установлена близкая связь материалов Авдеево с верхним слоем стоянки Костёнки 1 (Воеводский, 1948).

Исследование стоянки широкой площадью было продолжено Деснинской экспедицией в 1947–1948 гг. и завершено в 1949 г. совместной экспедицией Ленинградского отделения Института истории материальной культуры и Музея антропологии МГУ под руководством А.Н. Рогачева. Раскопами была вскрыта площадь около 950 м². В результате работ была выявлена жилая площадка, представлявшая собой овальное скопление культурных остатков (расщеплённый кремень, кости животных, угли) мощностью 10–35 см (Илл. 1.3.). Культурный слой залегал на глубине 1,2–1,6 м от поверхности, под толщей бурого суглинка, в слое серовато-бурой супеси (Илл. 1.4.). По периметру жилая площадка была окружена ямами-полуземлянками и краевыми ямами. Была собрана внушительная коллекция кремневых орудий и продуктов

Иллюстрация 1.1. Вид на место раскопок стоянки Авдеево с противоположного берега р. Рогозна. 1946 г.

东欧平原近冰川地带的旧石器时代猎人——阿夫杰耶沃遗址

Иллюстрация 1.2. **М.В Воеводскиий проводит экскурсию на месте раскопок стоянки Авдеево. 1948 г.**

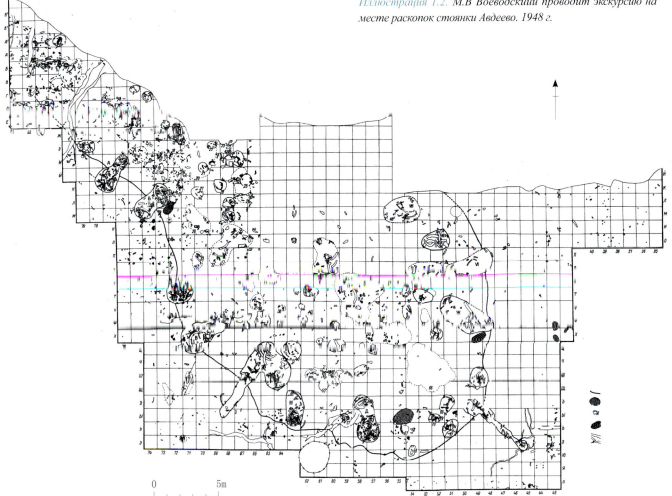

Иллюстрация 1.3. **План жилищно-хозяйственного комплекса Авдеево 1. (по Рогачев, 1953).**

Условные обозначения: а – граница культурного слоя, б – очаг, в – крупная кость в вертикальном или наклонном положении, г- место скопления костного угля, д – граница деформации культурного слоя мерзлотными клиньями.

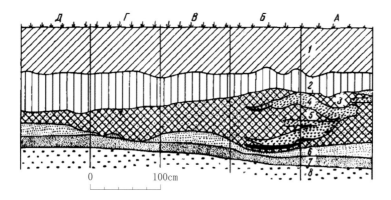

Иллюстрация 1.4. Жилищно-хозяйственный комплекс Авдеево I. Профиль западной стенки **XII** *раскопа. 1948 г. (по Воеводский, Алихова-Воеводская, 1950).*

1 – суглинок бурый, 2 – суглинок жёлтый, 3 – серая супесь со скоплением пережжённых костей, 4 – кострище с углистыми скоплениями на дне, 5 – супесь серая, 6 – слоистые пески, 7 – песок светло-шоколадный, 8 – глина голубоватая.

расщепления, насчитывающая около 25 тысяч предметов (Табл. 1.1, 1.2). Было найдено 166 поделок из бивня мамонта и кости (Табл. 1.3), в том числе орнаментированные предметы, украшения и произведения искусства. Материалы исследования жилого объекта стоянки Авдеево были подробно опубликованы А.Н. Рогачевым и М.Д. Гвоздовер (Гвоздовер, 1953; Рогачев, 1953).

Как указывает М.Д. Гвоздовер (1953), большой интерес представляют костяные изделия Авдеево, изучение которых позволяет рассмотреть технику обработки кости в верхнем палеолите, известную значительно меньше техники обработки кремня. На большей части костей животных, обнаруженных на жилой площадке стоянки, имеются царапины, надрезы, потертости различного происхождения. Из следов человеческой деятельности прежде всего следует отметить следы освоения охотничьей добычи: расчленение туши, снятие шкуры, отделение мяса от костей при еде и т. д.

Беспорядочные царапины на фалангах различных животных были нанесены кремневым орудием при снятии шкуры. Следы расчленения связок мышц и сухожилий сохранились в виде царапин и одиночных неглубоких надрезов на поверхности эпифизов и еще чаще у основания ребер животных. От потрошения туши остались длинные резкие продольные надрезы, располагающиеся на внутренней стороне ребер. Следы отделения мяса при еде остаются в виде глубоких беспорядочных царапин, идущих группами под небольшим наклоном поперек кости. Для добывания мозга на длинных костях отбиты эпифизарные концы, а тело кости расколото вдоль сильным ударом.

Кости употреблялись и при обработке кремня. Обычно ретушерами служили небольшие обломки ребер или трубчатых костей, а в некоторых случаях и отщепы из бивней мамонта. На плоской стороне их, близ конца, имеются многочисленные характерные вмятины-насечки, образовавшиеся в результате нажима краем кремневого предмета при нанесении на него ретуши.

Среди костей со следами обработки необходимо выделить обломки ребер мамонта с сильно изношенными концами, с обнаженным на заостренном конце губчатым веществом. Форма их конца и характер изношенности довольно устойчивы. При внимательном рассмотрении этих орудий под увеличением на некоторых из них, несмотря на плохую сохранность, обнаруживаются следы, близкие к следам использования мотыги. Подобные ребра-копалки имеются в Тимоновской стоянке. Они хорошо представлены и в Елисеевичах.

Из крупных орудий в Авдеевской стоянке представлены так называемые тесла, или кайла. Законченность формы и совершенство обработки тесел свидетельствует о том, что это

Таблица 1.1. Состав кремневой коллекции стоянки Авдеево.

Категория	Авдеево 1		Авдеево 2		Авдеево 3	
	Количество	%	Количество	%	Количество	%
Нуклеусы	95	0,39	350	0,89	386	2,35
Сколы с площадки нуклеуса	397	1,64	287	0,73	229	1,40
Ребристые пластины и отщепы	203	0,84	609	1,54	371	2,26
Орудия	2750	11,37	4922	12,46	1643	10,01
Сколы оживления орудий	3216	13,30	4423	11,20	499	3,04
Пластинчатые сколы	2262	9,35	8622	21,83	3535	21,54
Отщепы	2570	10,63	12506	31,66	6125	37,31
Осколки	12687	52,47	7777	19,69	3627	22,10
Всего	24180		39496		16415	

Таблица 1.2. Состав коллекции кремневых орудий стоянки Авдеево.

Категория	Авдеево 1		Авдеево 2		Авдеево 3	
	Количество	%	Количество	%	Количество	%
Ножи со спинкой вогнутой	744	27,05	505	10,26	13	2,01
Наконечники с боковой выемкой	174	6,33	353	7,17	9	0,55
Листовидные острия	23	0,84	76	1,54	13	0,79
Пластинки с притупленным краем	228	8,29	469	9,53	793	48,27
Чешуйчатые долотовидные орудия	18	0,65	+			
Резцы	622	22,62	879	17,86	373	22,70
Скребки	54	1,96	56	1,14	119	7,24
Острия	35	1,27	224	4,55	7	0,43
Тронке	22	0,80	58	1,18	1	0,06
Проколки и свёрла	19	0,69	54	1,10	30	1,83
Зубчатые орудия	21	0,76	133	2,70	3	0,18
Скребловидные орудия	30	1,09	42	0,85		
Пластины и отщепы с ретушью	580	21,09	1546	31,41	250	15,22
Комбинированные орудия	157	5,71	363	7,38	12	0,73
Прочие	23	0,84	164	3,33		
Всего	2750		4922		1643	

Таблица 1.3. Состав коллекции поделок из бивня, кости, рога и мергеля стоянки Авдеево.

Категория	Авдеево 1	Авдеево 2	Авдеево 3	Всего
Орудия				
Копалки	9	16		25
Тёсла	8	15		23
Наконечники	2	5		7
Острия со шляпкой	4	9	1	14
Подтреугольные острия с зооморфным навершием	3	4		7
Острия с фигурным навершием		3		3
Иглы		4		4
Прочие острия и шилья	9	36		45
Лощила и лопаточки	44	133		177
Игольники	3	45		48
Прочие орудия		3		3
Поделки				
Шарики с шипом в основании	1	20		21
Метаподии и фаланги животных с орнаментом	7	31		38
Метаподии, вырезанные из бивня	1	1		2
Шаровидные поделки		10		10
Подчетырехугольные стержни		3		3
Прочие поделки	13	3	1	17
Украшения				
Диадемы	23	12		35
Браслеты	2	3		5
Бусины из трубчатых костей		5		5
Когтевидные подвески		10		10
Подвески из зубов	30	145		175
Подвески из мергеля		27		27
Мелкая пластика				
Антропоморфные изображения из метаподия мамонта	1	1		2
Фигурки животных	1	3		4
Изображения голов животных	2			2
Женские статуэтки из бивня	3	5	1	9
Мужская статуэтка из бивня		1		1
Женские статуэтки из мергеля		14		14
Всего	166	567	3	736

устоявшийся, выработанный тип орудия. Вместе с тем тесла говорят о высоком мастерстве обработки кости у обитателей стоянки. Изучая тесла Авдеевской стоянки и привлекая для сравнения тесла Костёнок 1, лишь у одного удалось отметить выделенную в обушной части площадку, исчерченную поперечными нарезками, очевидно с целью устранения возможности скольжения орудия в Т-образной или коленчатой рукояти. Говорить о функции тесел затруднительно, хотя эти орудия были представлены довольно широко. Орнамент на двух теслах из стоянки Авдееве в виде углов с поперечными черточками совпадает с орнаментом на одном из тесел Костёнок 1. Интересно, что подобный орнамент на других предметах этих стоянок не прослежен. В Авдеево найдено три фрагмента игольников. Сделаны они из трубчатых костей птиц. Верхний край тщательно обрезан и заглажен, иногда украшен несколькими параллельными черточками. Отдельную группу составляют предметы украшения и мелкая пластика.

При сравнении костяных изделий из стоянки Авдеево с коллекциями близких по времени стоянок наибольший интерес представляют материалы Костёнок 1 и территориально значительно отдаленной от них стоянки Пшедмости. При описании отдельных категорий костяных изделий, в коллекции из Костёнок 1 встречены почти все формы орудий и украшений (тесла, копалки, лощила, костяные обручи, острия со шляпкой в виде «ножек животных» и т. д.), характерные для Авдеево. Даже такие случайные на первый взгляд поделки, как подтреугольные подвески, имеют аналоги в Костёнках 1. Это сходство не ограничивается формой изделий, но относится и к техническим приемам обработки костей и рога, применявшимся в обеих стоянках.

Такое же совпадение дают памятники искусства и орнаментация. Так, в Костёнках 1 встречаются многочисленные скульптурные изображения женщин, трактовка которых очень близка к авдеевским. Однако лучшие экземпляры статуэток Костёнок 1 более художественны и реалистичны.

В орнаментике Костёнок 1 основными элементами также являются косой крестик, параллельные короткие черточки, реже сочетание зигзагов. Орнаментированная часть изделий и здесь обычно отделяется от неорнаментированной; в большинстве случаев орнамент располагается лишь по краям поделки. Но орнамент изделий Авдеевской стоянки богаче и несколько более развит: чаще встречается зигзаг, появляется косая клетка, вообще не представленная в Костёнках 1. В стоянке Авдеево имеются целые орнаментальные схемы, отсутствующие в Костёнках 1. Авдеево в своей орнаментике как бы представляет следующий этап по сравнению с Костёнками и сближается с кругом памятников раннемадленского времени, таких, как Елисеевичи, Тимоновка, Мезин, Супонево с их развитым геометрическим орнаментом (косая сетка и «лестница» Тимоновки, «волна» и «рыбья чешуя» Елисеевичей и Супонева, меандр Мезина, орнаментированные бивни Елисеевичей).

Интересные выводы делает автор и при сравнении материалов Авдеево с Пшедмости, с которой Авдеево обнаруживает известное сходство. наличие грубых сидячих человеческих фигурок из метакарпальных костей мамонта на обеих стоянках, одинаковых по трактовке и одинаково выполненных из ликовидных кусков кости скульптуры мамонта геометрический орнамент позволяют как будто говорить о большой близости этих стоянок. Однако здесь не обнаруживается такого прямого сходства, которое фиксируется при сравнении стоянки Авдеево с Костёнками 1. В частности, в Пшедмости, наряду с прорезанием отверстий, широко представлено сверление. Далее, в Пшедмости отсутствуют скульптурные изображения женщин, так как там зафиксированы схематизированные графические изображения фигур (Гвоздовер, 1953).

Совершенно очевидно, что сходство между стоянками Авдеево и Пшедмости объясняется скорее культурно-исторической общностью, тогда как поразительное сходство между материалами Костёнок 1 и Авдеево находит объяснение не только в широкой исторической общности. Здесь мы видим и близость облика культуры в целом и сходство мельчайших второстепенных деталей. Интересно, что кремень Авдеевского поселения и Костёнок 1, вероятно, брался из одного и того же месторождения. Фауна обеих стоянок вполне однородна. Жилой комплекс стоянки Авдеево по своей планировке почти целиком совпадает в деталях с костёнковским.

Таким образом, уже на ранних этапах изучения памятника при сопоставлении материалов Авдеево и комплексов верхнего культурного слоя стоянки Костёнки 1 было прослежено соответствие планировки жилых площадок, техники обработки каменного и костяного сырья, типов орудий, поделок и произведений искусства. На этом основании исследователями была выделена костёнковско-авдеевская археологическая культура, была установлена связь со стоянками восточного граветта Виллендорф (Австрия), Мораваны, Петржковице и Пшедмости (Чехословакия) (Рогачев, 1957; Гвоздовер, 1958).

2. Исследования в 1970-х – 1990-х годах

Археологические работы были возобновлены в 1972 году, когда совместная экспедиция НИИ и Музея антропологии МГУ и Института истории материальной культуры под руководством М.Д. Гвоздовер и Г.П. Григорьева приступила к изучению территории к востоку от уже известного памятника. Выбор этого участка был обусловлен тем, что колхозной техникой была прокопана хозяйственная траншея длиной 150 м, шириной 1,5–2 м и глубиной до 1,5 м. Эта траншея прорезала культурный слой нового объекта, в стенках были видны остатки очагов, ям и крупных костей мамонта. В результате работ 1972–1992 гг. был исследован второй комплекс стоянки Авдеево[1]. Он располагался в 30 м к востоку от первого объекта. Комплекс Авдеево 2 представлял собой жилую площадку костёнковско-авдеевского типа. Площадь объекта составляла около 400 м^2, скопление культурных остатков имело овальную форму и было окружено 10 полуземлянками и 1 краевой ямой. Вдоль длинной оси, ориентированной по направлению северо-запад – юго-восток, располагалась линия из крупных очагов (Илл. 1.5.). Культурный слой залегал в зеленоватой супеси, перекрытой сверху пачкой среднезернистого песка, в нижней части которого встречались отдельные находки (Илл. 1.6.). Коллекция каменных орудий и продуктов расщепления состоит почти из

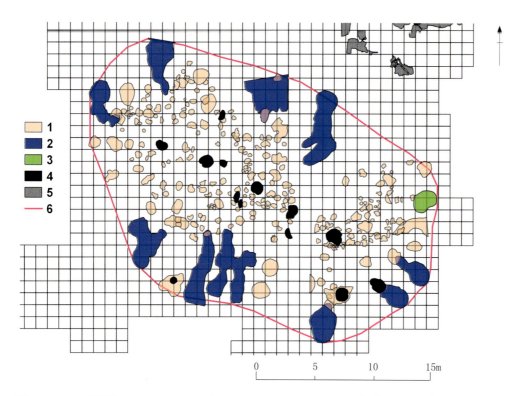

Иллюстрация 1.5. **План жилищно-хозяйственного комплекса Авдеево 2. Условные обозначения**

1 – яма-хранилище, 2 – полуземлянка, 3 – краевая яма, 4 – очаг, 5 – зольность, 6 – граница комплекса.

[1] В специальной литературе первый комплекс получил название Авдеево старое (АВС) или Авдеево 1, второй – Авдеево новое (АВН) или Авдеево 2.

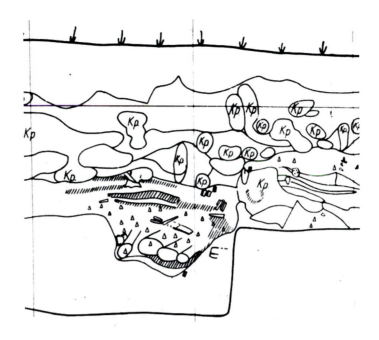

Иллюстрация 1.6. Жилищно-хозяйственный комплекс Авдеево 2. Профиль западной стенки траншеи, участок квадратов «б, в». 1972 г. (по Гвоздовер, 1973).

40 тысяч предметов (Табл. 1.1, 1.2), инвентарь поделок из бивня, кости и мергеля насчитывает 567 предметов (Табл. 1.3).

Анализ кремневого инвентаря на двух объектах Авдеево 1 и Авдеево 2 позволил исследователю сделать важное наблюдение, что для базовых долговременных стоянок костёнковско-авдеевской культуры свойственна невысокая концентрация кремня в культурном слое жилой площадки. Невысокая насыщенность слоя кремнем на этих объектах, как и в Костёнках 1 отражает достаточно важные процессы и характеризует костёнковско-авдеевскую культуру. Постоянный подбор определенного типа кремневого сырья и по качеству, и по размерам привел к сложению устойчивого поведенческого стереотипа как в добыче сырья[2], так и в использовании кремня (приносное сырье, отбор желваков по форме и размерам, типы первичного раскалывания, экономия кремня и пр.). Качество кремня, его размеры, техника раскалывания приводят к тому, что получаются заготовки орудий относительно крупные и массивные. Пластина приобретает типичную форму и типы, и т.п. Приемы вторичной обработки да насечной этапами предопределяются параметром конкретной (массивной, парывной, изогнутой и т.п.) заготовки. Четко прослеживается подбор соответствующих заготовок для различных категорий орудий, и желаемая форма достигается по мере надобности разнообразной вторичной обработкой. Этот стереотип становится традиционным для костенковско-авдеевской культуры.

Орудия изготавливались на ножевидных и ребристых пластинах, отщепах, различных сколах и их фрагментах, а также на микропластинках. Почти все известные приемы вторичной обработки позднего палеолита обнаруживаются в Авдеево: 1 – широко представлена техника резцового скола; она служила как для изготовления резцов, так и для оживления края орудия, для создания обушка, возможно также – рукояточной части орудия; 2 – краевая ретушь, оформлявшая различный по остроте край орудия; 3 –притупляющая ретушь; 4 – частичная плоская ретушь с брюшка; 5 – подтеска; 6 –чешуйчатая техника.

[2] Это явление кажется сходным с тем, которое отмечают исследователи для ряда стоянок Средней Европы, где в основном прослеживается использование не местного, а приносного северного так называемого «балтийского кремня».

Основную массу кремня составляют отходы и поделки из высококачественного сырья, однородного по строению. Максимальный размер орудий и пластин достигает 20 см. В Авдеево 2 имеется группа пластин, превышающая в длину 20 см. Примерно около 15% орудий и пластин Авдеево 1 превышают 8,5 см. Наряду с крупными поделками имеются и микропластинки, и орудия на них.

М.Д. Гвоздовер (1998) обращаясь к анализу и систематизации этих материалов, обращает внимание, что для всех памятников костёнковско-авдеевской культуры относительно низок процент нуклеусов (от 0,39 до 0,8); высок процент орудий – от 10,9% до 12,4%. Причем на отдельных (непериферийных) участках он достигает 30% и, наконец, очень высок процент оживления орудий (от 11,9 до 13%). По этим показателям памятники костёнковско-авдеевской культуры существенно отличаются от большинства других. Правда, исследователь отмечает, что невысокий процент нуклеусов в инвентаре свойственен и некоторым другим базовым стоянкам, далеко отстоящим от источников сырья.

В костёнковско-авдеевской культуре среди отходов оживления орудий выделяется морфологически новая группа, достаточно многочисленная – особые плоские краевые отщепы (Илл. 1.7.).Этот специфический краевой отщеп отличается от прочих отходов (краевых, резцовых и пр.) по углу скалывания. Это плоский вытянутый в сечении подтреугольный отщеп со слегка вогнутой поверхностью скалывания. Отщепы сняты ударом, направленным под определенным углом[3], так что скол захватывал относительно узкий участок брюшка орудия и довольно широкую поверхность спинки. На конце нередко сохраняется участок площадки – стесанного конца. На его спинке нередко видна ретушь, нанесенная еще на край орудия, следы изношенности и негативы от предшествующих аналогичных сколов. Снятие таких отщепов уменьшает угол между брюшком и спинкой на продольном крае (заостряет его). Этот тип оживления на стоянках других культур применялся редко, и подобные отщепы встречаются лишь в единичных экземплярах.

Таким образом, уже к середине 1990-х годов М.Д. Гвоздовер в своих работах подробно обобщила и систематизировала материалы обоих комплексов Авдеево. Была опубликована классификация каменных орудий (Гвоздовер, 1998), типология орудий, поделок и произведений искусства из бивня, кости и мергеля (Гвоздовер, 1953; 1985; Gvozdover, 1995). В категориях, типах и приёмах изготовления каменных и костяных орудий была в очередной раз прослежена поразительная схожесть с комплексами верхнего слоя Костёнок 1. При этом были обозначены индивидуальные особенности каждого комплекса в отдельности.

К этому периоду научного изучения палеолитических памятников приледниковой зоны относится и выделение хронологических подразделений восточного граветта. Ряд радиоуглеродных дат позволил исследователям (Valoch, 1981; Svoboda, 1994, 1996) построить предположительную схему хронологических подразделений «восточного граветта»:

Ранний граветт –30–27 тысячелетие. К нему относится слой 5 Виллендорфа 2, часть объектов Дольни Вестонице 1 и 2.

Развитой граветт –27–24 тысячелетие. Виллендорф 2, слой 6–8, часть объектов Дольни Вестонице 1 и 2, Павлов 1 (раскопки 1952 и 1953гг.), Пшедмости (большая часть материалов). Стоянки этой стадии делятся на две основные фации: наличие или отсутствие краевой ретуши, наличие или отсутствие микролитов.

Поздний костёнковско-виллендорфский граветт –24–20 тысячелетие. К этому этапу исследователи относят Виллендорф 1, Виллендорф 2 (9 слой), Петржковице, часть материалов Пшедмости, Мораванские стоянки, а также костёнковско-авдеевские стоянки.

---

[3] В.И.Беляева в своей диссертации (1979 г.) называет их плоскими краевыми сколами и определяет их угол скалывания равным 116–139°

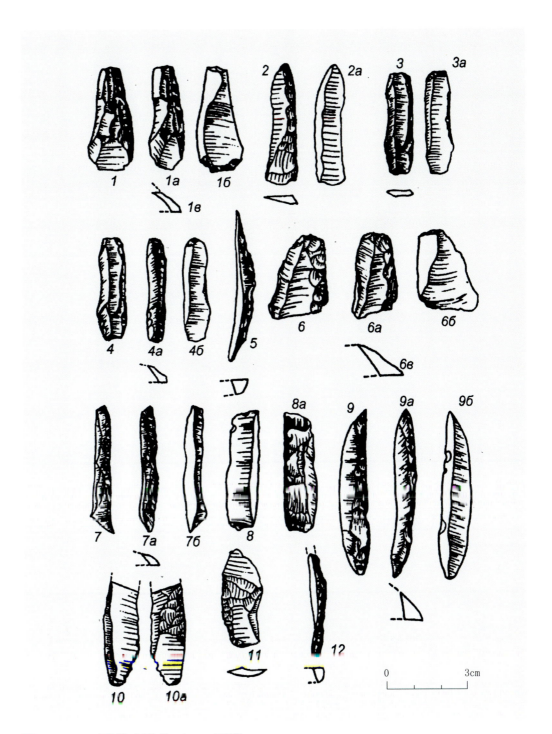

Иллюстрация 1.7. По М.Д. Гвоздовер (1998) плоские правые

1–4, 6, 8, 10, 11. и резцовые; 5, 7, 9, 12. отщепы на примере Авдеево 1.

3.Исследования в 1995-х –2019-х годах

Археологические работы следующего этапа исследований стоянки в 1995–2019 гг. были посвящены изучению участка к юго-востоку от первого комплекса и к западу от второго. Работой совместной экспедиции НИИ и Музея антропологии МГУ и Института истории материальной культуры руководили Г.П. Григорьев и Е.В. Булочникова. В результате был обнаружен ещё один комплекс – Авдеево 3[4], представленный скоплениями расщеплённого

[4] Исследователи назвали комплекс «межобъектное пространство» (МОП).

Иллюстрация 1.8. Хозяйственный комплекс Авдеево 3. Зольные пятна. 2006 г.

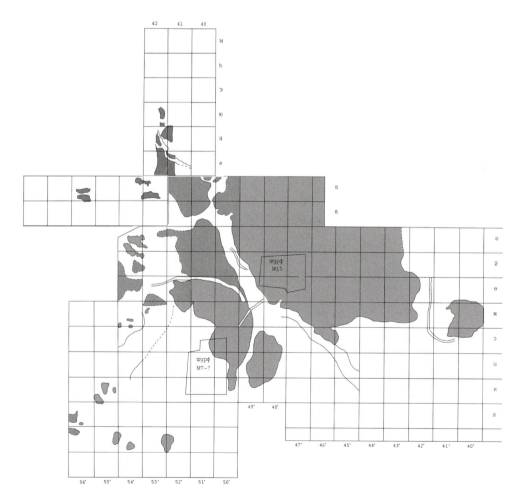

Иллюстрация 1.9. План хозяйственного комплекса Авдеево 3. Распространение углистой поверхности.

东欧平原近冰川地带的旧石器时代猎人——阿夫杰耶沃遗址

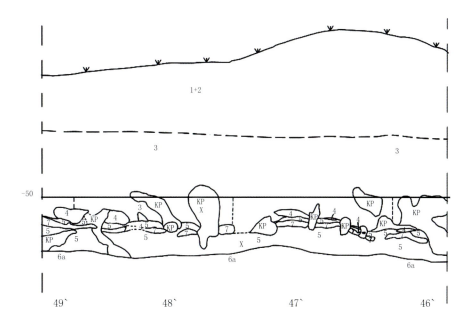

Иллюстрация 1.10. Хозяйственный комплекс Авдеево 3. Профиль северной стенки раскопа. 2002 г.

1+2 – луговая почва и бурый суглинок, 3 - буроватый суглинок, 4 – песок, 5 – зеленоватая супесь, 6а – слоистый песок, 7 – углистый прослой.

кремня и мелкого костного угля. Он отличался от других жилых комплексов Авдеевской стоянки почти полным отсутствием искусственных углублённых объектов (была обнаружена всего одна яма - №160) и наличием обширной углистой поверхности мощностью до 10 см (Илл. 1.8; 1.9; 1.10). Кремневый инвентарь отличался характером используемого сырья, существенным преобладанием среди орудий изделий с притупленным краем (Булочникова, 2012).

В настоящее время работы на стоянке продолжает Авдеевская палеолитическая экспедиция НИИ и Музея антропологии МГУ под руководством С.П. Медведева. Территория памятника изучается методами геофизики, археологически исследуется пространство между тремя хозяйственными комплексами Авдеево. Основной целью работ является уточнение границ распространения культурных слоёв каждого комплекса, их хронологического и стратиграфического соотношения. Была проведена площадная георадарная съёмка и магнитная съёмка. На стоянке Авдеево георадиолокация применялась для изучения строения первой надпойменной террасы. Объектами изучения методом георадиолокации были: граница покровных суглинков, супесей и террасных песков, а также водоносный горизонт. По итогам работы была построена карта изоповерхности пойменных суглинков, предположительно отражающая палеорельеф стоянки времени ее заселения (Илл. 1.11). В палеорельефе прослеживаются повышения, где располагались жилые площадки людей и разделяющие их ложбины (возможно, волотоки) с перепадом высот около 1 м. Рельеф территории памятника был более пересеченным, чем в настоящее время. Данные геофизики заверены результатами шурфовки и бурением скважин (Бричёва и др., 2016; Бричёва и др., 2019; Медведев и др., 2019; Medvedev et al., 2019).

Напомним, что фаунистические коллекция Авдеево соответствует мамонтовому комплексу (табл. 1.4). В жилищно-хозяйственных комплексах Авдеево 1 и 2 преобладают кости мамонта, песца, волка и сурка, встречаются остатки шерстистого носорога, лошади, северного оленя, зайца, сайги, росомахи, бурого медведя и пещерного льва. В Авдеево 3 было обнаружено значительно меньше костей животных, представлены мамонт, волк, песец, северный олень.

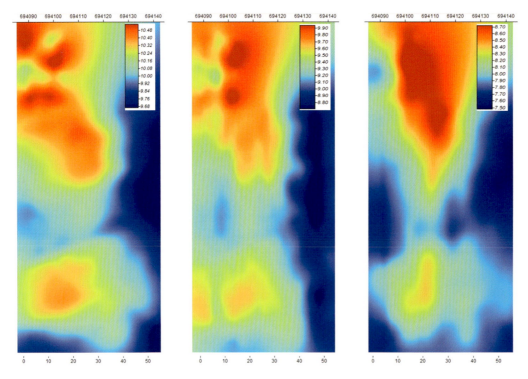

Иллюстрация 1.11. Реконструкция палеорельефа по данным георадарной съёмки.

Иллюстрация 1.12. Хвостовой позвонок волка со стоянки Авдеево.

1 – общий вид, 2 – микрофотография поверхности позвонка, 3 – микрофотография краниального эпифиза, 4 – микрофотография каудального эпифиза, 5 – продольный разрез позвонка, 3D-визуализация по данным микро-КТ

Название	Название на латыни	Авдеево 1		Авдеево 2		Авдеево 3
		MNB	MNI	MNB	MNI	Наличие
Мамонт	*Mammutus primigenius*	551	85	many	many	+
Песец	*Alopex lagopus*	489	36	>6000	130	+
Сурок	*Marmota* sp.	367	27	>500	26	
Волк	*Canis lupus*	283	12	3000	63	+
Шерстистый носорог	*Coelodonta antiquitatis*	45	3	23	3	
Северный олень	*Rangifer tarandus*	22	2	20	3	+
Заяц	*Lepus* sp.	15	5	13	1	
Лошадь широкопалая	*Equus caballus* cf. *latipes*	14	3	58	3	+
Суслик	*Citellus* sp.	4	1	1	1	
Росомаха	*Gulo gulo*	4	2	263	15	
Сайга	*Saiga* sp.	2	1	2	1	
Пещерный лев	*Panthera spelea*			250	5	
Медведь бурый	*Ursus arctos*			12	2	
Бизон	*Bison priscus*			6	1	
Слепыш	*Spalax microphtalmus*			1	1	

В 2018 г. на Авдеевской палеолитической стоянке исследовался участок, расположенный на расстоянии 8 м к юго-западу от второго жилищно-хозяйственного комплекса (Авдеево 2). Был выявлен горизонт находок, состоящих преимущественно из мелких фрагментов костей животных и углей. В нём было обнаружено небольшое количество кремневых артефактов и определимых костей и зубов животных, среди них присутствовал хвостовой позвонок волка (Canis lupus) со сквозным отверстием. Группой специалистов было выполнено морфологическое описание позвонка, трасологический анализ, исследование позвонка методом компьютерной томографии (Медведев и др., 2020). Было установлено, что позвонок является девятым хвостовым позвонком волка. Устья канала имеют неровную подокруглую и подовальную форму с рваными краями и угловатыми участками. Общая конфигурация отверстия представляет собой сквозной неровный канал, имеющий в центральной части длины канала стык под тупым углом, его диаметр не одинаков на всём протяжении. На эпифизах позвонка вокруг устий канала читаются небольшие углубления рельефа, структура поверхности в углублениях пористая. Таким образом, было показано, что девятый хвостовой позвонок волка имел сквозное отверстие, расположенное продольно длинной оси тела позвонка (Илл. 1.12). Авторами сделано обоснованное предположение об антропогенной причине возникновения отверстия в позвонке. На это указывает углубление рельефа на обоих эпифизах кости в начале канала и стык двух его половин под тупым углом (Медведев и др., 2020).

东欧平原近冰川地带的旧石器时代猎人
—— 阿夫杰耶沃遗址

ПАЛЕОЛИТИЧЕСКИЕ ОХОТНИКИ ПРИЛЕДНИКОВОЙ ЗОНЫ
ВОСТОЧНО-ЕВРОПЕЙСКОЙ РАВНИНЫ
СТОЯНКА АВДЕЕВО

第二章

阿夫杰耶沃遗址出土的考古遗物

ГЛАВА 2
АРХЕОЛОГИЧЕСКАЯ КОЛЛЕКЦИЯ АВДЕЕВО

阿夫杰耶沃遗址出土的石制品有 8 万余件，用猛犸象骨和象牙制成的工具等人工制品有 700 余件，其中造型艺术品、装饰纹饰艺术品和其他艺术品尤为突出。在该遗址发现了 23 个旧石器时代的"维纳斯"和 1 个男性雕像。

一、石制品

阿夫杰耶沃 1 区共发现 24180 件燧石制品，其中一半以上（52.47%）是断块和碎屑，2 区的燧石制品总计 39496 件，3 区的燧石制品总计 16415 件。阿夫杰耶沃 1 区和 2 区的燧石制品种类构成相似。初级剥片类制品比例极低，石核不足 1%，技术削片约占 2.5%，而工具（11.4%~12.5%）及修整剥片则相对较多（11.0%~13.0%）。在阿夫杰耶沃 3 区遗址观察到另一种情况：石核（2.4%）和技术削片（3.7%）的含量更多，而修整剥片比例比 1 区、2 区低（3.0%）。

阿夫杰耶沃 1 区和 2 区石器的主要原材料是优质的白垩蛋白燧石。这是一种棕黄色的半透明燧石，在风化后会变成蓝绿色或白色。已知的原料产地距离遗址相当远，这就决定了人们需对原料谨慎使用：有极高程度的石核工艺、高比例的大型石叶及其断块、石器工作面多次利用以及高比例的组合工具。在阿夫杰耶沃 3 区，人们主要使用劣质条纹燧石，其来源地更近。在阿夫杰耶沃 1 区，由白垩蛋白燧石制成的石核占 60%，在 2 区高达 80%，而在 3 区仅为 10%。此外，该遗址还使用了致密的细粒石英岩作为原材料。

研究发现，阿夫杰耶沃遗址出土燧石制品的种类非常多样化（之前几乎所有研究人员都认为这些燧石是白垩纪的）。通过对库尔斯克地区不同年代的岩石进行地质研究，确认该地区的燧石地层与下 - 中始新世石英 - 白云岩组成的陆相地层有关，这些地层广泛分布在塞姆河右岸，其次是在塞姆河左岸。所有燧石的出露都与基辅层的岩石有关，而石英岩的出露则与古近纪卡涅夫层和布查格层的沉积物有关。对阿夫杰耶沃遗址的几种燧石进行的岩相分析表明，这些燧石与该地区古近纪时代燧石矿点的燧石相似。阿夫杰耶沃和拜基遗址出土的燧石工具与克雷普纳遗址出土的燧石在矿物学上也有相似之处。因此，旧石器时代的人类可以使用当地的燧石材料，这些原材料在距离遗址 15~30 千米的半径范围内有足够的来源（康迪诺夫，2018 年）。

- **原材料的初级劈裂**

在阿夫杰耶沃遗址，对石料进行初级剥片的目的是获得 3 种类型的坯料：长 8.5~20 厘米的大型石叶、长 5~8.4 厘米的中型石叶和长度小于 5 厘米、宽度不超过 1.2 厘米的细石叶。厚度超过 0.3 厘米的大石叶及其断块用来制造大多数类型的器物。古人用蛋白状燧石先预制一个椭圆形轮廓的石核，上面有脊。为了剥取石叶坯料，最初使用的是单台面端状石核，在剥片过程中变为双台面，且剥片面呈梯形或者楔形。有时候，为了获取小型石叶或者细石叶，经常会对石核进行二次加工，石核坯料往往基于大石片或者厚重的石叶断块。另外，古人利用条纹燧石来加工楔形端面石核，从中取出窄长石叶和细石叶。

阿夫杰耶沃遗址的所有居址群都出土了与初级剥片有关的物品，包括燧石结核、燧石条块、石叶、石核及其更新技术削片（石叶削片、带有石核台面或者剥片的断块）、带有石皮的燧石等。各种二次加工技术也被广泛用于石器生产上。雕刻器技术用于制作雕刻器、更新石器的工作刃缘以及修整置柄部或容纳部分。以边缘剥片技术为主的三棱剥取技术，用于加工科斯京科型石刀。刃口修整技术（半弧形或平直）用于锐化刃口。垂直和陡刃修整技术用于石叶和尖状器刃部钝化。腹部平面修整用于取直坯料。下切技术（宽的片状修整）用于加工科斯京科型石刀末端的台面以及钝化细石叶的末端。

● 工具类别

科斯京科－阿夫杰耶沃考古学文化的石制品组合以科斯京科型石刀、侧凹尖状器、叶形尖状器和钝化石叶为主。

科斯京科型石刀　是在宽大（3~4厘米）、厚实（0.6~1.5厘米）的石叶或石片上制作的工具，包括三个工作单元：横向刃缘、纵向刃缘以及刃部汇聚区和尾部截断区域（格沃兹多维尔，1998年）。在坯料的一端或两端，通过大片修整、雕刻器技术削片或坯料断裂而形成台面。台面用于剥取边刃削片，用来更新或者锐化刃部。在阿夫杰耶沃遗址的遗物中，有单刃和双刃石刀，也有与其他工具的组合，其中以双刃为主。在阿夫杰耶沃1区的石器构成中，科斯京科型石刀占最多（27%），在阿夫杰耶沃2区中数量次之（10.3%），在阿夫杰耶沃3区中数量较少（2%）。

侧凹尖状器　特征是从尖状器基部开始有一个陡峭的背侧凹缺，占尖状器长度的2/3，尖头部呈近对称三角形，有时一侧或两侧被修整锐化。尖状器分为两类：长6~12厘米的大型尖状器和长不到6厘米的小型尖状器。大型尖状器的加工更为复杂——羽部从背侧边缘修整并与腹侧连接修整平缓，与凹口相对的边缘呈凸弧形。在微型尖头部上，通常只加工凹口，而将石叶的自然锋利端作为尖头部。在大型尖头部上，羽部经常被翻新，变得更短且形状不同。在阿夫杰耶沃1区，带有侧凹的尖状器占6.3%，其中以大型尖状器为主；在阿夫杰耶沃2区，占7.2%，其中一半为小型尖状器；在阿夫杰耶沃3区，数量很少（0.6%）。

叶形尖状器　主要是以宽石叶为毛坯制作的条形工具，边缘近似平行，尖头部呈对称三角形，底部锐化。器身和器底通过平整的腹面修整加工，使整体轮廓更加平整。总体而言，叶形尖状器种类繁多，包括整体器形较小的、尖头部用雕刻器技术加工的和锥形的尖状器。这类工具在阿夫杰耶沃遗址居址群中的比例很小（0.8%~1.5%）。

边缘钝化的石叶　在阿夫杰耶沃1区和2区中，数量相当（分别占8.3%和9.5%）。它们是通过钝化石器边缘（在某些情况下边缘是精细陡直的），从背面修整加工而获得的。在大约一半的石制品中，器物两端都经过了横向修整处理。阿夫杰耶沃3区出土的钝化石叶与1区、2区不同，它占全部器物的48.3%。一般来说，它们更窄、更厚，1/4的钝化边缘是通过反向修整形成的，通常是从底部或者横向剥削修整。有一组石叶，其中一个边缘钝化，另一个边缘呈锯齿状。另外，还有一系列边缘钝化的尖状器。

雕刻器　主要是由一个大的石叶毛坯制作而成。双棱雕刻器上留有宽大的雕刻器削片痕迹，有时会延伸到腹部表面。刃缘通常由一系列单向削片组成，即多棱雕刻器。在阿夫杰耶沃遗址的三个区域中，这类雕刻器的比例都很高（阿夫杰耶沃1区：22.7%，2区：

17.9%，3 区：22.7%）。

端刮器　利用了各种坯料——石叶、初级剥离的石叶和石片。通常情况下，坯料的边缘都未经修整。刮削刃大都呈弧形，但也有一些是直的。研究人员在大量坯料上发现了一种形态奇特的刮削器，其刃部很厚。此外还发现了一种特殊的刃部修整方法——减薄腹部削片。在阿夫杰耶沃 1 区和 2 区中，刮削器的数量很少（分别为 2% 和 1.1%），3 区刮削器的比例增加，它们的特点是以边缘平行的狭长石叶为毛坯。

二、骨器

在阿夫杰耶沃遗址，我们发现了大量由硬质有机材料（猛犸象牙、其他动物骨骼和牙齿、鹿角）和软质矿物材料（泥灰岩、砂岩）制成的器物，共计 736 件，包括工具、小型雕塑、装饰品和艺术品。所有物品（除少数例外）都是在阿夫杰耶沃 1 区和 2 区居住遗址内发现的。这些遗物之所以保存完好，是因为它们保存在居址群的文化层中，许多是在形状不规则的坑和储藏坑的填土中。除制作器物外，还发现了带有加工痕迹的骨骼和碎片，从而可以总结出该遗址一整套骨制品加工的技术方法，包括横向和纵向切割象牙和骨骼、刨削和打磨的技术。骨骼和象牙制品有成系列的组合，也有独特的不重复的个体。

● 工具

主要是用象牙、骨和角制成的实用物品，有使用痕迹但没有技术加工痕迹的物品不包括在内。包括镐、矛、镞、尖状器、抛光器、锥、勺形器、铲形器和针等类别。一些器物往往带有艺术元素或纹饰，因此，它们可以被视为实用艺术品。

镐　用猛犸象牙的远端断块制成。属于大型工具，一端是宽弧形刃，另一端是圆柱形（置柄部分）。器物保留了象牙的原始曲线，表面大多都有装饰。根据刃的形状和使用痕迹的性质，我们可以区分出用于挖掘的镐形工具和用于加工兽皮的工具（类似于抛光工具）。

矛　是用猛犸象牙制成的长杆（最长 50 厘米）。器物略微弯曲，横截面呈圆形，底部扁平，另一端较尖。尖的一端有一个浅浅的纵向凹槽，可以将细石器嵌入其中。置柄部分的边缘有时用斜十字或破折号纹饰装饰。

大约有 70 件由象牙和兽骨制成的尖状器和锥类器物，其特点是造型细长和至少有一个尖头，尖头和手柄部分的形状和横截面可能不同。还有一小类器物，是用小兽骨制成的尖状器和用马骨制成保留有关节的大型骨锥。有些器物的柄首是有形状的，又可分为两类：帽状柄首尖状器和动物形柄首亚三角形尖状器。

帽状柄首尖状器　由动物的管状骨骼制成。一端是尖的，柄部通常是斜面，扁平的关节面上有一个向前突出的圆形帽状柄首。柄部可能有十字或横向带状纹饰装饰。

动物形柄首亚三角形尖状器　由猛犸象牙骨板制作。一端是截面薄而平的尖，另一端是一个倒等腰三角形，上边缘的两角刻有小耳朵。尖端是一个肉食性动物头部的造型，三角形的边缘通常饰有斜十字或破折号纹饰。

抛光器　　大多是用猛犸象肋骨（很少用猛犸象牙）劈成的。这些工具的纵切面呈弯曲状长条形。工作刃的一端呈弧形（或箭形），通常带有倒角。骨片的边缘平行并仔细磨平，用于加工皮毛和皮革，近一半的骨片在石器制造中用作修整器。

勺形器　　是抛光器的一个亚类。它们的特点是有一个装饰性的手柄，手柄末端饰有一个拟人或变形（边缘有耳朵）的头像，头像上有两排槽。器物的边缘从刀柄底部平滑地延伸到刃部。刃通常呈箭头状。

针筒　　用大型鸟类的管状骨骼制成。关节处被切除，器物表面经过仔细磨平。有一半的器物表面有纹饰。

三、手工艺品

包括用象牙、骨、角和泥灰岩制成的无明显实用目的的物品（含碎片）。主要有以下几类：底部带有刺突的球、带有纹饰的动物骨骼、象牙做的肢梢仿制品和球形物。

底部带有刺突的球　　由猛犸象牙和泥灰岩制成。这些物品有两大结构：球形顶端和末端尖锐的刺突。其中有一个球的顶端呈圆筒状。

带有纹饰的动物骨骼　　用狼、北极狐、狼獾和野兔的骨骼加工而成。通常在掌骨上刻有两道横向的"条带"：第一道位于关节块下方，沿着骨体的棱面则装饰有斜十字纹或短横线组，然后以第二道"条带"收尾。在部分野兔的掌骨上，会利用关节面的天然凹陷进行加工，可能以此象征眼睛和耳朵。趾骨的装饰较为简洁，多数情况下仅在关节块下方刻有一道"条带"，偶尔会用短横线标记关节的突起部位。

肢梢仿制品　　用猛犸象牙雕刻而成。阿夫杰耶沃遗址出土了2件此类标本。在阿夫杰耶沃1区发现了一根圆头的微型近四角形棒状物，被雕刻成野兔肢梢的形状，其头部被一条带状纹饰隔开，脊上有一排短横纹。在阿夫杰耶沃2区发现了一个近四角形棒状物的断块，其末端雕刻着一个圆形的头部。古生物学者E.A.汪根海姆认为上面刻的是狼的头骨形象（格沃兹多维尔，1995年）。

球形物　　由猛犸象管状大骨的骨骺组成，骨刺裸露在外。大多数标本都保存了骨骺外表面的切片。所有标本都是在阿夫杰耶沃2区中发现的。根据形状，它们可分为三组：近似圆形、扁平形和锥形。

四、装饰品

包括头饰、手镯、串珠、爪形吊坠、牙齿吊坠和铃铛形吊坠[1]等。

头饰　　是用猛犸象牙制成的扁平片状物。大多都已残损。边缘或平行，或两端窄中间宽。头饰的两端呈圆形，通常有钻孔或钻孔残留物。表面平坦或凸起，纹饰装饰丰富。

手镯　　从猛犸象牙的表层切割下来，并保留了其原有的弧度。手镯的内表面被仔细磨平，外表面和边缘上覆有纹饰。

[1] 本文按吊坠特点来介绍，未进行严格分类。

圆柱形串珠　用小动物的管状骨骼制成，珠子上饰有横向刻槽。有一颗串珠是用动物椎骨制成的，椎骨中心有一个近方形的孔。最近，研究人员在阿夫杰耶沃遗址进行研究时，发现了一个带有纵向穿孔的狼尾椎骨（梅德韦杰夫等），推测这是一个相似类型的串珠坯件。

爪形吊坠　用狐狸牙齿或猛犸象牙制成。从外观上看，这些物品像动物的爪子，一端设计成弯曲的不对称尖状，另一端设计成狭窄的短尖状。有些吊坠在尖的下方有穿孔。

牙齿吊坠　用北极狐或狼的牙齿加工而成。最常见的做法是，在牙齿根部切割一个穿孔，不过，横向切割的情况较少。偶尔会发现成组的牙齿坠饰，可能是项链的一部分。

泥灰岩吊坠　有花萼状、近四角形和三角形三种。

象牙吊坠　是一种近长方形的吊坠。

五、小型雕塑

包括动物和人的雕像。分为以下几类：动物雕像、兽首雕像、用猛犸象骨骼制作的拟人形象、用猛犸象牙或泥灰岩制作的人形雕像。

动物雕像　代表是 3 尊猛犸象雕塑。在阿夫杰耶沃 1 区发现了 1 个用猛犸象骨骼制作的猛犸象雕像，在 2 区发现了 2 个砂岩雕像。这 3 个雕像都刻画了站立的猛犸象形象，它低着头，躯干重心在前肢上。2 区发现了 1 个用猛犸象牙制作的动物雕像，头部没有保存下来，根据构图的特殊性，推测该雕像是一匹马（格沃兹多维尔，1995 年）。

兽首雕像　有 2 件。均在阿夫杰耶沃 1 区发现。一个是用砂岩雕刻的食肉动物头像。如果转动这块雕像，可以看到另一种动物的造型。这种现象被称为"多体"（弗拉德金，1975 年）。第二件遗物由猛犸象牙片制成，上面刻有熊头的轮廓。在阿夫杰耶沃遗址中，这是唯一的标本，而在科斯京科 1 号遗址上层的遗物中，这样的雕像却很多。

猛犸象骨骼制作的拟人形象　以阿夫杰耶沃 1 区和 2 区出土的 2 件猛犸象骨骼上的人形图像为代表。骨头上雕刻着海绵状面孔，通体自然的形状像一个坐着的人。

人形雕像　有 11 件完整（或几乎完整）的和 13 件残缺的。以猛犸象牙或泥灰岩为原材料制作而成，用象牙制作的雕像在阿夫杰耶沃遗址的三个区中都有发现，而后者只在 2 区中发现。M.D. 格沃兹多维尔根据俄罗斯平原出土的拟人雕像材料制定了统一的描述和分类模式，将其分为四种类型：科斯京科类型、阿夫杰耶沃类型、奥布肖类型和加加里诺类型。科斯京科和加加里诺类型的雕像描绘的是成熟女性，胸部丰满，腹部突出，它们的特点是通体进行了细致的雕刻。

科斯京科类型制作方式较有特点。圆形的头部较小，略微前倾，颈部较短，肩部明显。一般情况下，雕像不刻画面部特征（583/100 例外）。双臂紧贴身体，前臂位于乳房下方，双手放在腹部。乳房较长，呈下垂状。腹部较大，呈楔形，下部突出，或呈圆形，中间突出。背部平坦或略凸，腰部弯曲，脊椎呈凹曲状。雕塑的最大宽度位于骨盆顶部。耻骨三角区短而平，生殖器未描绘。臀部的大小与体型成比例。大腿闭合，胫骨被一条缝分开，脚趾并拢，脚跟分开。胫骨和脚严重缩短。雕像的头部有时装饰有发型或头饰。服饰细节和装饰品——胸前的带子、腰间的腰带、手臂上的手镯——经常被描绘出来。

　　大多数象牙雕像都发现于储藏坑。在阿夫杰耶沃 1 区发现了 2 个有雕像的坑，均在空地上，二者相距 1.5 米，其中一个坑出土了 2 件雕像，另外一个坑出土 1 件雕像。在阿夫杰耶沃 2 区，发掘了 3 个坑：一个坑中出土 1 件雕像，另一个坑中同时出土 3 件雕像，在一个形状不规则的坑中发现了 1 个雕像碎片。个别坑被猛犸象牙覆盖。

　　阿夫杰耶沃 2 区的 77 号坑最引人关注，其中发现了 3 个完整的雕像。该坑位于居住遗址的中心，长 100、宽 60、深 35 厘米。除雕像外，坑底还发现了有纹饰的勺形器、抛光器、狼造型柄首象牙棒。在上覆的填土中发现一个没有下颌骨的洞狮头骨以及狼獾头骨和下颌骨碎片。

ГЛАВА 2
АРХЕОЛОГИЧЕСКАЯ КОЛЛЕКЦИЯ АВДЕЕВО

Коллекция каменных артефактов содержит более 80 тысяч предметов. Собрание изделий из кости и бивня мамонта состоит из более 700 орудий и поделок. Среди них выделяются художественно оформленные и украшенные орнаментом предметы и произведения мобильного искусства. На стоянке обнаружено 23 «палеолитические Венеры» и 1 статуэтка мужчины.

1. Каменный инвентарь

В комплексе Авдеево 1 было обнаружено 24180 кремневых предметов, среди которых чуть более половины составляют обломки и осколки (52,5%). Коллекция кремневых изделий Авдеево 2 насчитывает 39496 штук, а Авдеево 3 – 16415 штук. Для кремневого инвентаря обеих жилых площадок Авдеево 1 и 2 характерен схожий качественный состав. Представленность категорий, относящихся к первичному расщеплению, крайне мала: нуклеусов (менее 1%) и технологических сколов (около 2,5%), тогда как орудий (11,4% – 12,5%) и сколов их оживления (11,0% – 13,0%) относительно много. Иная ситуация прослежена в Авдеево 3: нуклеусов (2,4%) и технологических сколов (3,7%) содержится больше, в то время как сколов оживления орудий меньше(3,0%).

Основным видом сырья в Авдеево 1 и 2 был желвачный меловой кремень хорошего качества. Это полупрозрачный кремень коричневато-жёлтого цвета, при патинизации принимавший сине-голубую или белую окраску. Известные источники сырья находились на достаточном удалении от стоянки, что обуславливало бережное его использование: крайняя степень сработанности нуклеусов, высокий процент использования крупных пластин и их обломков, многократное оживление рабочих частей орудий, высокая доля комбинированных орудий. В Авдеево 3 преимущественно употреблялся плитчатый полосатый кремень плохого качества, источники которого находились значительно ближе. Процент нуклеусов из мелового желвачного кремня составляет до 60% в Авдеево 1, около 80% в Авдеево 2, и всего лишь 10% в Авдеево 3. Кроме того в качестве сырья использовался плотный мелкозернистый кварцит.

Изучение кремневых орудий Авдеевской стоянки показало их значительное разнообразие по типу кремня. Практически все предыдущие исследователи считали, что эти кремни меловые. В результате геологического изучения пород разного возраста с территории Курской области установлено, что кремнистые образования в этом регионе связаны с нижне-среднеэоценовыми терригенными образованиями кварцево-глауконитового состава, широко развитыми на правом берегу Сейма и, в значительно меньшей степени, на его левом берегу. Все проявления кремня связаны с породами киевских слоёв, а выходы кварцитов – с отложениями каневских и бучагских слоёв палеогенового возраста. Петрографический анализ нескольких типов кремней стоянки Авдеево показывает их сходство с кремнями из коренных проявлений кремней палеогенового возраста в регионе. Также установлено минералогическое сходство кремневых орудий стоянок Авдеево и Быки с кремнями стоянки Крепна. Таким образом, палеолитический человек мог использовать местный кремневый материал, который в достаточном количестве встречается в радиусе 15 – 30 км от стоянок (Кандинов, 2018).

Первичное раскалывание сырья

На Авдеевской стоянке первичное расщепление каменного сырья было направлено на получения 3 типов заготовок: крупных широких пластин длиной 8,5 – 20 см; средних пластин длиной 5 – 8,4 см и микропластинок длиной менее 5 см и шириной до 1,2 см. При изготовлении большей части категорий орудий использовались крупные широкие пластины толщиной более 0,3 см и их фрагменты. Из отдельности желвачного сырья древний мастер делал пренуклеус (преформа) овальных очертаний с оформленным ребром. Первоначально для снятия пластинчатых заготовок применялся торцевой одноплощадочный нуклеус, который в процессе утилизации трансформировался в двухплощадочный, с встречным фронтом скалывания, трапециевидной или клиновидной формы. Часто для получения небольших пластинок и микропластинок применялись вторичные нуклеусы, оформленные на крупных отщепах и обломках массивных пластин. Из плитчатого полосатого кремня изготовлялся торцевой клиновидный нуклеус, с которого снимались узкие длинные пластины и микропластинки.

Во всех комплексах Авдеевской стоянки обнаружены предметы, связанные с первичным расщеплением: желваки и плитки кремня, нуклеусы и продукты их оживления (ребристые пластины, сколы с площадки и фронта нуклеуса), первичные сколы с меловой коркой.

Для оформления заготовки в орудие широко применялись различные приёмы вторичной обработки. Техника резцового скола использовалась для изготовления резцов, оживления рабочего края орудия, оформления обушковой или аккомодационной части. Техника снятия краевого скола, трехгранного в сечении, применялась для приострения краев ножей костёнковского типа. Краевая ретушь (полукрутая или плоская) использовалась для оформления острого края. Вертикальная и крутая ретушь создавала притупленный край у пластинок и острий. Плоская вентральная ретушь применялась для выпрямления профиля изогнутой заготовки. Техника подтёски (широкая чешуйчатая ретушь) использовалась для оформления площадок на концах ножей костёнковского типа, обработки концов микропластинок в притупленным краем.

Категории орудий

Для каменного инвентаря памятников костёнковско-авдеевской археологической культуры характерно наличие ножей костёнковского типа, наконечников с боковой выемкой, листовидных острий и пластинок с притупленным краем.

Ножи костёнковского типа представляют собой орудия, изготовленные на широкой (3 – 4 см) толстой (0,6 – 1,5 см) пластине либо отщепе, включающие три рабочих элемента: поперечное лезвие, продольное лезвие и участок схождения края и подтёсанного конца (Гвоздовер, 1998). На одном или обоих концах заготовки были оформлена площадка. Она получалась в результате крупной чешуйчатой ретуши, плоского резцового скола либо сломом заготовки. С площадки осуществлялись краевые сколы, которые оживляли и приостряли лезвие орудия. В коллекции Авдеевской стоянки встречаются одинарные и двойные ножи, а также комбинации с другими орудиями. При этом двойные формы преобладают. Ножи костёнковского типа занимают первое место в орудийном составе комплекса Авдеево 1 (27%), много их в Авдеево 2 (10,3%), в Авдеево 3 – мало (2%).

Наконечники с боковой выемкой характеризуются наличием оформленной крутой дорсальной ретушью выемки, начинающейся от основания орудия и охватывающей до 2/3 его длины; подтреугольного симметричного пера, иногда приострённого ретушью с одной или двух сторон. Выделяется 2 группы наконечников: крупные длиной 6 – 12 см и миниатюрные длиной менее 6 см. Крупные изделия имеют более сложную обработку – перо сформировано краевой дорсальной ретушью и выровнено плоской вентральной ретушью; противоположный выемке край имеет выпуклую дугообразную форму. У миниатюрных наконечников часто обрабатывалась только выемка, а пером служил естественный острый конец пластинки. На крупных наконечниках часто встречается подновление пера, делавшее его короче и другой формы. В Авдеево 1 доля наконечников с боковой выемкой составляет 6,3%, при этом преобладают крупные изделия; в Авдеево 2 – 7,2%, половина из них миниатюрная; в Авдеево 3 крайне мало (0,6%).

Листовидные острия представлены в основном удлинёнными орудиями, изготовленными на широких пластинах с подпараллельными краями, треугольным симметричным пером и заострённым основанием. Перо и основание подрабатывались плоской вентральной ретушью, которая выравнивала профиль заготовки. В целом группа листовидных острий разнообразна и включает группу укороченных изделий, острий с углвым резцом в основании, острие тополевидной формы. Представленность этой категории орудий в комплексах Авдеевской стоянки небольшая (0,8 % – 1,5%).

Пластинки с притупленным краем в одинаковой степени представлены в комплексах Авдеево 1 и 2 (8,3% и 9,5% соответственно). Получались в результате обработки одного края заготовки притупливающей (в некоторых случаях мелкой крутой) дорсальной ретушью. Примерно в половине случаев концы изделия обработаны поперечной ретушью или вентральной подтёской. От них отличаются пластинки с притупленным краем из комплекса Авдеево 3, где они составляют до 48,3% от общего набора орудий. В целом они более узкие и толстые, притупленный край в ¼ случаев образован встречной ретушью, часто концы или поперечно срезаны ретушью, или приострены. Выделена группа пластинок с пильчатым с одним притупленным краем и противоположным - пильчатым (пилки) и серия острий с притупленным краем.

Резцы преимущественно изготовлялись на крупной пластинчатой заготовке. Преобладают двугранные резцы с широкими резцовыми сколами, иногда заходящими на поверхность брюшка. Часто резцовая кромка образовывалась серией однонаправленных сколов – многофасеточные резцы. Представленность этой категории высока во всех трёх комплексах Авдеевской стоянки (Авдеево 1 – 22,7%, 2 – 17,9%, 3 – 22,7%).

Скребки изготавливались на различных заготовках: пластинах, первичных и пластинчатых отщепах. Обычно края заготовки оставались необработанными. Лезвие имело дугообразную форму, однако встречались предметы со спрямлённым лезвием. Была выделена группа скребков высокой формы, изготовленных на массивных заготовках и имевших толстое лезвие. В ряде случаев зафиксирован особый способ подправки лезвия – снятие плоских вентральных сколов. В комплексах Авдеево 1 и 2 скребки представлены небольшими сериями (соответственно 1,9% и 1,1%). Для Авдеево 3 характерна повышенная доля содержания скребков. Отличаются тем, что были изготовлены на длинной узкой пластинчатой заготовке с параллельными краями.

2. Костяной инвентарь

В результате раскопок Авдеевской стоянки была собрана большая коллекция, насчитывающая 736 изделий из твёрдых органических (бивень мамонта, кости и зубы животных, рог северного оленя) и мягких минеральных (мергель, песчаник) материалов. Она состоит из орудий, поделок, украшений и произведений искусства. Все предметы (за единичными исключениями) были обнаружены в пределах жилых площадок Авдеево 1 и 2. Хорошей сохранности артефактов поспособствовало их залегание в культурных слоях комплексов, в заполнении многочисленных полуземлянок и кладовых ям. Кроме самих изделий фиксировались кости и фрагменты со следами обработки, что позволило уточнить набор технологических приёмов обработки сырья. Установлено применение поперечного и продольного членения бивня и кости, строгания, резания и шлифования. Одни категории изделий из кости и бивня представлены сериями однотипных предметов, а другие изделия единичны уникальны.

Орудия

К группе орудий относятся изделия утилитарного назначения, изготовленные из бивня, кости и рога. В данном случае не рассматриваются предметы, со следами использования для работы, но без следов технической обработки. Среди орудий выделяются такие категории, как тёсла, наконечники, острия и шилья, лощила, лопаточки и игольники. Часто некоторые орудия имеют художественно оформленные элементы или украшены орнаментом. Таким образом, они могут рассматриваться в качестве предметов прикладного искусства.

Тёсла изготавливались из фрагмента дистального конца бивня мамонта. Представлены крупными орудиями, с широким дугообразным лезвием на одном конце, другой конец имеет цилиндрическую форму (аккомодационная часть). Изделие сохраняет первоначальный изгиб бивня. В большинстве случаев поверхность рукоятки орнаментировалась. По форме лезвия и характеру следов использования можно выделить группу тёсел, которые применяли для землеройных работ, и группу орудий для обработки шкур животных (схожих с лощилами).

Наконечники копий получались из длинных стержней (до 50 см), сделанных из бивня мамонта. Изделия были слабо изогнуты, имели округлое сечение и уплощенное основание, другой конец был заострён. От острого конца был прорезан неглубокий продольный паз, в который могли вставляться микролитические вкладыши. Края аккомодационной части могли быть покрыты орнаментом из косых крестиков или поперечных черточек.

В категорию остриёв и шильев отнесено около 70 орудий из бивня и костей животных, которых объединяют вытянутые пропорции и наличие хотя бы одного заостренного конца. Различными могут быть форма и сечение острого конца, рукояточная часть. Выделены небольшие группы изделий: острия из костей мелких животных; массивные шилья из грифельной кости лошади с оставленным в основании суставом. У некоторых изделий фигурно оформлены рукоятки, среди них подкатегории: острия с навершием в виде шляпки и подтреугольные острия с зооморфным навершием.

Острия с навершием в виде шляпки изготовлены из трубчатых костей животных. Один конец заострён, рукояточная часть обычно скошена, на уплощённой суставной поверхности оформлено навершие в виде выдающейся вперёд округлой в плане шляпки. Рукоятка может быть орнаментирована насечками, крестиками и поперечными поясками.

Подтреугольные острия с зооморфным навершем изготавливались на пластине бивня мамонта. На одном конце сделано тонкое, плоское в сечение острие, противоположный конец имеет форму перевёрнутого равнобедренного треугольника, по углам верхнего края вырезаны небольшие уши. Навершие представляет собой стилизованное изображение головы хищного животного. Обычно края треугольника украшены орнаментом из косых крестиков или чёрточек.

Лощила в большинстве случаев изготавливались из расколотых вдоль рёбер мамонта (редко из бивня мамонта). Орудия имеют удлинённую форму и изогнутость в продольном сечении. На одном конце было оформлено дугообразное (или стрельчатое) рабочее лезвие, часто имевшее сточенную грань (фаску). Края лощила параллельны и тщательно заглажены. Лощила использовались для обработки шкур животных и кожи, при этом почти половина изделий применялась в качестве ретушёра при изготовлении каменных орудий.

Лопаточки представляют собой подкатегорию лощил. Их особенность в наличии орнаментированной рукоятки, украшенной на конце фигурным изображением антропоморфной или зооморфной (с ушами по краям) головы с двумя рядами косых прорезей. Края орудия плавно расширяются от основания рукоятки к лезвию. Часто лезвия имеют стрельчатую форму.

Игольники изготавливались из трубчатых костей крупных птиц. Суставы обрезались, поверхность предмета тщательно заглаживалась. В половине случаев предметы покрыты орнаментом.

3. Поделки

К этой группе отнесены изделия и фрагменты изделий без явного утилитарного назначения, изготовленные из бивня, кости, рога и мергеля. Среди поделок выделяются категории: шарики с шипом в основании, метаподии и фаланги с орнаментом, имитации метаподиев из бивня и шаровидные изделия.

Шарики с шипом в основании изготавливались из бивня мамонта и мергеля. Изделия состоят из двух конструктивных элементов - шарообразного навершия и шипа, заострённого к концу. У одной из подобных поделок навершие оформлено в виде цилиндра.

Метаподии и фаланги животных с орнаментом. Использовались кости волка, песца, росомахи и зайца. Обычно на метаподиях нанесено два поперечных «пояска», один – под блоком сустава, ниже по граням предмета – ряды из косых крестиков или коротких поперечных чёрточек. Композиция завершается вторым «пояском». В нескольких случаях на метаподиях зайца подрабатывались естественные углубления сустава. Возможно, таким образом обозначались глаза и уши. На фалангах часто нанесён только один «поясок» под блоком сустава, иногда короткие чёрточки обозначают выступы сустава.

Имитации метаподия, вырезанные из бивня мамонта. По материалам Авдеевской стоянки известно 2 экземпляра. В Авдеево 1 был обнаружен миниатюрный подчетырёхугольный стерженёк с округлой головкой, изображающий метаподий зайца. Головка отделена орнаментированным «пояском», на гребнях – ряды коротких поперечных линий. Из Авдеево 2 происходит фрагмент подчетырёхугольного стержня, на конце вырезана округлая головка. Палеонтолог Э.А. Вангенгейм установила, что изображён метаподий волка (Gvozdover, 1995).

Шаровидные изделия изготовлены из эпифизов крупных трубчатых костей мамонта с обнажённой спонгиозой. На большинстве поделок сохранились участки наружной поверхности эпифиза. Все экземпляры обнаружены в комплексе Авдеево 2. По форме делятся на 3 группы: почти округлые, уплощённые и конусообразные.

4. Украшения

К разделу украшений относятся категории диадемы, браслеты, бусины, когтевидные подвески, подвески из зубов и калачиковидные подвески.

Диадемы изготавливались на плоских узких стержнях из бивня мамонта. Представлены, в основном, фрагментами. Края либо параллельные, либо расширяются от узких концов к середине. Концы диадем скруглены и часто имеют сквозные прорезанные отверстия или их остатки. Обычно плоские или выпуклые поверхности богато орнаментировались.

Браслеты вырезались из поверхностного слоя бивня мамонта и сохраняли его первоначальный изгиб. Внутренняя поверхность изделия тщательно заглажена, внешняя и ребро покрывались орнаментом.

Цилиндрические бусины изготавливались из фрагментов трубчатых костей небольших животных. Украшались поперечными нарезками. Одна бусина была изготовлена из позвонка животного, по центру которого было проделано подквадратное отверстие. В результате последних исследований на Авдеевской стоянке был обнаружен хвостовой позвонок волка с продольным сквозным отверстием (Медведев и др., 2020). Можно предположить, что это заготовка для подобного вида бусин.

Когтевидные подвески изготавливались из зубов песца и бивня мамонта. Внешне эти изделия напоминают коготь животного, один конец изделия оформлен в изогнутое асимметричное острие, другой – в узкий короткий шип. На некоторых подвесках ниже острия прорезано сквозное отверстие.

Из зубов песца и волка изготавливались подвески. Чаще всего у корня зуба прорезалось сквозное отверстие, реже делались поперечные нарезки. В некоторых случаях были обнаружены скопления подвесок из зубов, которые, по всей видимости, являлись остатками ожерелья.

Из мергеля изготавливались подвески калачиковидной, подчетырёхугольной и треугольной формы; из бивня – подпрямоугольной формы.

5. Мелкая пластика

Раздел мелкой пластики объединяет фигуративные изображения животных и человека. Выделяются категории: фигурки животных, отдельные головы животных, антропоморфные изображения из метаподия мамонта, статуэтки человека из бивня мамонта и мергеля.

Фигурки животных представлены тремя скульптурными изображениями мамонта. В Авдеево 1 была обнаружена фигурка мамонта, изготовленная из кости мамонта. В Авдеево 2 было найдено 2 фигурки из песчаника. На всех трёх изображено стоящее животное, у которого голова опущена, а хобот прижат к передним ногам. Ко второму комплексу относится фигурка животного из бивня мамонта. Голова не сохранилась. По особенностям сложения предполагается, что изображение принадлежит лошади (Gvozdover, 1995).

К группе голов животных относятся 2 предмета. Скульптурно оформленная голова хищного зверя, сделанная из песчаника. При этом если изделие повернуть, то можно увидеть схематическое изображение другого животного. Такое явление называется полиэйконией (Фрадкин 1975). Для Авдеевской стоянки - это единственный экземпляр в то время, как для в коллекции верхнего слоя Костёнок 1 подобные предметы многочисленны. Вторая поделка изготовлена из пластины бивня мамонта и изображает силуэт головы медведя. Оба артефакта были обнаружены в комплексе Авдеево 1.

Антропоморфные изображения из метаподия мамонта представлены двумя изделиями, происходящими из комплексов Авдеево 1 и 2. На спонгиозе кости вырезаны лица, а естественная форма заготовки напоминает фигуру сидящего человека.

Антропоморфные статуэтки представлены 11 целыми (или практически целыми) фигурками и 13 фрагментами. В качестве сырья для их изготовления использовался бивень мамонта и мергель. Статуэтки из бивня присутствуют во всех трёх комплексах Авдеевской стоянки, изделия из мергеля встречаются только в Авдеево 2. М.Д. Гвоздовер на материале антропоморфных статуэток Русской равнины была разработана унифицированная модель описания и классификация. Было выделено 4 типа: костёнковский, авдеевский, обобщённый и гагаринский. Статуэтки костёнковского и гагаринского типов изображают зрелую женщину с большой грудью и выступающим животом, для них характерна подробная скульптурная проработка объёмов.

Костёнковский тип объединяет статуэтки, выполненные определённым образом. Округлая голова небольшая и немного наклонена вперёд. Шея короткая с выраженной холкой. Как правило черты лица не изображены (исключение составляет статуэтка 583/100). Руки прижаты к корпусу, предплечья находятся под грудями, кисти лежат на животе. Груди длинные и имеют каплевидную форму. Живот большой, килевидный, выступающий в нижней части, либо округлый, с выступающий по центру. Спина плоская или немного выпуклая с прогибом в пояснице. Оформлена позвоночная ложбина. Наибольшая ширина поделки приходится на верх таза. Лобковый треугольник короткий и плоский, гениталии не изображены. Бёдра имеют параметры, пропорциональные телу. Голени и стопы сильно укорочены. Бёдра сомкнуты, а голени разделены прорезью, носки сведены вместе, а пятки разведены в стороны. На головах статуэток иногда оформлялись причёски или головные уборы. Часто изображались детали костюма и украшения: перевязи под грудью, пояса на талии, браслеты на руках.

Бивнёвые статуэтки в большинстве случаев были обнаружены в ямах-хранилищах. В Авдеево 1 было зафиксировано 2 ямы со статуэтками, расположенные в одной западине на расстоянии 1,5 м. В одной из них содержалось две статуэтки, во второй - одна. В Авдеево 2 было исследованы 3 ямы: одна яма содержала одиночную статуэтку, в другой было помещено сразу 3, в одной из полуземлянок был обнаружен фрагмент статуэтки. Некоторые из этих ям были перекрыты лопатками мамонта.

Наибольший интерес представляет яма №77 из комплекса Авдеево 2, в которой было обнаружено 3 целые статуэтки. Яма имела размеры 60 см × 100 см и глубину до 35 см, располагалась центральной части жилой площадки. Кроме статуэток на дно ямы были помещены орнаментированная лопаточка, лощило, бивневый стержень в навершием в виде метаподия волка. В перекрывающем заполнении находился череп пещерного льва без нижней челюсти, обломки черепов и челюстей росомах.

东欧平原近冰川地带的旧石器时代猎人
——阿夫杰耶沃遗址

ПАЛЕОЛИТИЧЕСКИЕ ОХОТНИКИ ПРИЛЕДНИКОВОЙ ЗОНЫ
ВОСТОЧНО-ЕВРОПЕЙСКОЙ РАВНИНЫ
СТОЯНКА АВДЕЕВО

第三章

阿夫杰耶沃遗址遗物精粹

❧ ⟡ ❧

ГЛАВА 3
КАТАЛОГ АВДЕЕВСКОЙ КОЛЛЕКЦИИ
(ИЗБРАННОЕ)

3.1.1

615 / 1735

预制石核

Пренуклеус

说明：遗物分石器、骨质工具、手工艺品（含石、骨质）、装饰品（含石、骨质）、小型雕塑 5 大类来展示。
线框为比例尺，代表 1cm。

ПОЯСНЕНИЕ: артефакты представлены в пяти основных категориях: каменный инвентарь, костяной инвентарь, поделки (включая каменные и костяные), украшения (включая каменные и костяные) и мелкая пластика. Контурная рамка служит масштабной линейкой и соответствует 1 см.

3.1.2

677 / 28

预制石核

Пренуклеус

3.1.3

474 / 1563

楔形端面石核
Нуклеус торцевой клиновидный

楔形端面石核

Нуклеус торцевой клиновидный

端面石核

Нуклеус торцевой

楔形石核

Нуклеус килевидный

双台面石核

Нуклеус двухплощадочный

单台面棱柱形石核

Нуклеус одноплощадочный призматический

645
188

端面石核

Нуклеус торцевой

端面石核

Нуклеус торцевой

半凹石叶

Пластина полупервичная

带脊口右修整的石叶

Ребристая пластина с ретушью

3.1.13

673 / 683

有脊石叶

Пластина ребристая

3,1,14

477 / 1015

有修整的石叶

Пластина с ретушью

3.1.15

562 / 1694、1695、1696、1697

可拼合石叶及石核

Ремонтаж из четырёх последовательно
снятых с нуклеуса пластин

细石叶

Микропластинка

3.1.17

474 / 4026

细石叶

Микропластинка

3.1.18

665 / 441

细石叶

Микропластинка

3.1.19

568 / 964

刀缘削片

Отщепок краевой

3.1.20

661 / 2463

刃缘削片

Отщепок краевой

3.1.21

568 / 407

雕刻器削片

Отщепок резцовый

3.1.22

675 / 213

雕刻器削片

Отщепок резцовый

雕刻器削片

Отщепок резцовый

3.1.24

474 / 2199

科斯京科型刀

Нож костёнковского типа

3.1.25

477 / 1427

科斯京科型刀

Нож костёнковского типа

3.1.26

568 / 1453

用石英岩加工的科斯京科型刀

Нож костёнковского типа из кварцита

3.1.27

593 / 2309

科斯京科型刀

Нож костёнковского типа

科斯京科型刀

Нож костёнковского типа

用带背脊的大石叶加工而成的科斯京科型刀

Нож костёнковского типа на крупной
ребристой пластине

3.1.30

572 / 3356

科斯京科型刀

Нож костёнковского типа

3.1.31

673 / 398

科斯京科型刀

Нож костёнковского типа

3.1.32

470 / 105

侧凹尖状器

Наконечник с боковой выемкой

3.1.33

Av 1948 / 969

侧凹尖状器

Наконечник с боковой выемкой

3.1.34

477 / 1493

侧凹尖状器

Наконечник с боковой выемкой

3.1.35

477 / 3261

侧凹尖状器

Наконечник с боковой выемкой

3.1.36

597 / 5112

侧凹尖状器

Наконечник с боковой выемкой

小型侧凹尖状器

Наконечник с боковой выемкой миниатюрный

小型侧凹尖状器

Наконечник с боковой выемкой миниатюрный

尖状器

尖头部用雕刻器削片加工而成，柄端两侧有凹缺修整

Наконечник

перо сформировано резцовыми сколами с подработкой
кончика, на противоположном конце ретушью сделаны
выемки с двух сторон

斜刃尖状器

Косое острие

3.1.41

Av 1948 / 325

尖状器

Острие

3.1.42

571 / 3/68

尖状器

Острие

3.1.43

474 / 188

类边刮器

Тронке

3.1.44

477 / 508

叶形尖状器

Острие листовидное

叶形尖状器

Острие листовидное

叶形尖状器

~~尖头部用双棱雕刻器削片加工而成~~

Острие листовидное
перо оформлено в виде двугранного резца

叶形尖状器

Острие листовидное

3.1.48

597 / 3864

叶形尖状器

双棱雕刻器形态

Острие листовидное
основание оформлено в виде двугранного резца

3.1.49

601 / 2152

叶形尖状器

Острие листовидное

3.1.50

604 / 34

叶形尖状器
Острие листовидное

3.1.51

474 / 2376

刃缘钝化的细石叶

Микропластинка с притупленным краем

3.1.52

474 / 3954

刃缘钝化的细石叶

Микропластинка с притупленным краем

刃缘钝化的细石叶

Микропластинка с притупленным краем

3.1.54

615 / 656

边缘钝化、末端截断的细石叶

Микропластинка с притупленным краем и поперечно-срезанным концом

3.1.55

663 / 1290

刃缘钝化的细石叶

Микропластинка с притупленным краем

3.1.57 /

673 / 228

刃缘钝化的尖状器

Острие с притупленным краем

3.1.58

474 / 3887

双棱雕刻器

Резец двугранный

3.1.59

Av 1948 / 1619

基于坯料断块制作的雕刻器

Резец на сломе заготовки

3.1.60

双棱雕刻器

Резец двугранный

3.1.61

477 / 977

基于坯料断块制作的雕刻器

Резец на сломе заготовки

3.1.62

477 / 3182

基于坯料断块制作的雕刻器

Резец на сломе заготовки

3.1.63

604 / 862

双棱雕刻器

Резец двугранный

双头双棱雕刻器
Резец двугранный двойной

基于叶形尖状器制作的双棱雕刻器

Резец двугранный на обломке листовидного острия

双头刮削器

Скребок двойной

3.1.67

572 / 799

圆形刮削器

Скребок округлый

端刮器

Скребок концевой

端刮器

Скребок концевой

3.1.70

562 / 376

端刮器

Скребок концевой

3.1.71

567 / 1796

端刮器

Скребок концевой

3.1.72

659 / 803

直刃端刮器

Скребок со спрямлённым
лезвием

直刃端刮器

Скребок со спрямлённым лезвием

端刮器

Скребок концевой

端刮器

Скребок концевой

3.1.76

477 / 4068a

刮削工具

Скребловидное орудие

3.1.77

597 / 5166

组合工具：科斯京科型刀和双棱雕刻器

Комбинированное орудие: нож костёнковского типа и резец двугранный

3.1.78

604 / 2035

组合工具：科斯京科型刀和端刮器

Комбинированное орудие: нож костёнковского
типа и скребок концевой

组合工具：喙形尖状器和斜面雕刻器

Комбинированное орудие: клювовидно еострие и резец двугранный

3.1.80

477 / 4071a

圆盘状器

Дисковидное орудие

3.2.1

477 / 4427

带纹饰的锛

Тесло с орнаментом

带纹饰的镐

Тесло с орнаментом

带纹饰的镐

Тесло с орнаментом

带纹饰的锛

Тесло с орнаментом

3.2.5

625 / 2

锥
Шило

东欧平原近冰川地带的旧石器时代猎人——阿夫杰耶沃遗址

双头锥

Проколка двойная

3.2.7

565 / 108

锥

Шило

3.2.8

617 / 97

带纹饰的尖状器

Острие с орнаментом

带有侧凹槽的尖状器

Наконечник с боковым пазом

帽状柄首尖状器

Острие с навершием в виде шляпки

帽状柄首尖状器

Острие с навершием в виде шляпки

3.2.13

474 / 5306

帽状柄首尖状器

Острие с навершием в виде шляпки

3.2.14

578 / 81

帽状柄首尖状器

Острие с навершием в виде шляпки

3.2.15

633 / 65

帽状柄首尖状器

Острие с навершием в виде шляпки

3.2.16

573 / 102

帽状柄首尖状器

Острие с навершием в виде шляпки

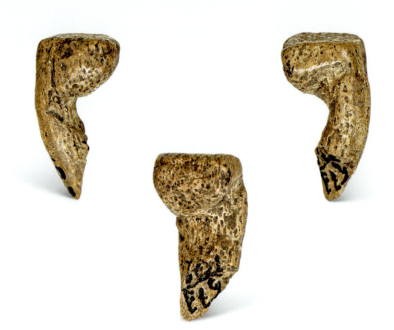

3.2.17

477 / 4531

动物造型柄首三角形尖状器

Подтреугольное острие с зооморфным навершием

3.2.18

477 / 4567

动物造型柄首三角形尖状器

Подтреугольное острие с зооморфным навершием

动物造型柄首三角形尖状器

Подтреугольное острие с зооморфным навершием

动物造型柄首三角形尖状器

Подтреугольнос острие с зооморфным навершием

带造型的尖状器

Острие с фигурным навершием

3.2.22

569 / 13

带造型的尖状器

Острие с фигурным навершием

3.2.23

617 / 122

鸟形柄首尖状器

Острие с навершием птицей

3.2.24

605 / 130

带造型的尖状器

Игла с фигурным навершием

针形尖状器

Игольчатое острие

针

Игла

抛光器（修整）

Лощило-ретушёр

抛光器（修整）

Лощило-ретушёр

抛光器（修整）

Лощило-ретушёр

3.2.30

477 / 4541

带造型的铲形器

Лопаточка с фигурным навершием

3.2.31

629 / 68

铲形器

Лопаточка

3.2.32

477 / 4542

带造型的铲形器

Лопаточка с фигурным навершием

帽状柄首铲形器

Лопаточка с навершием в виде шляпки

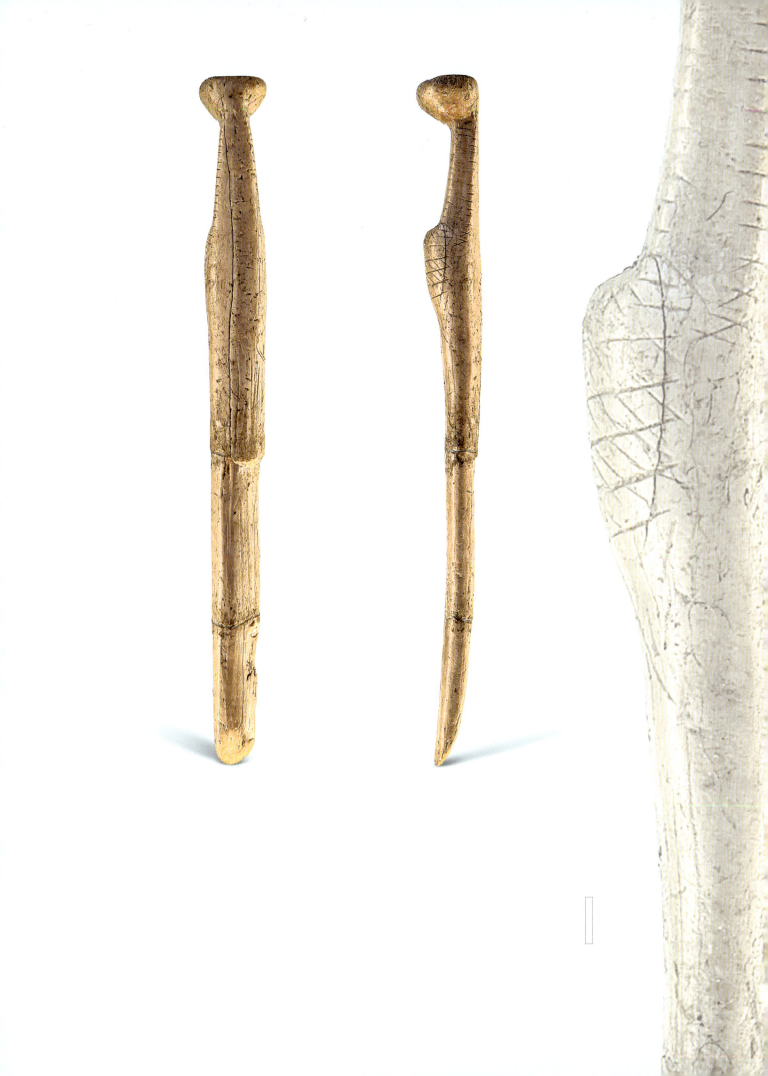

带造型的铲形器

Лопаточка с фигурным навершием

3.2.35

569 / 71

带纹饰的针筒

Игольник с орнаментом

3.2.36

570 / 51

带纹饰的针筒

Игольник с орнаментом

3.2.37

598 / 80

带纹饰的针筒

Игольник с орнаментом

3.2.38

598 / 203

带纹饰的针筒

Игольник с орнаментом

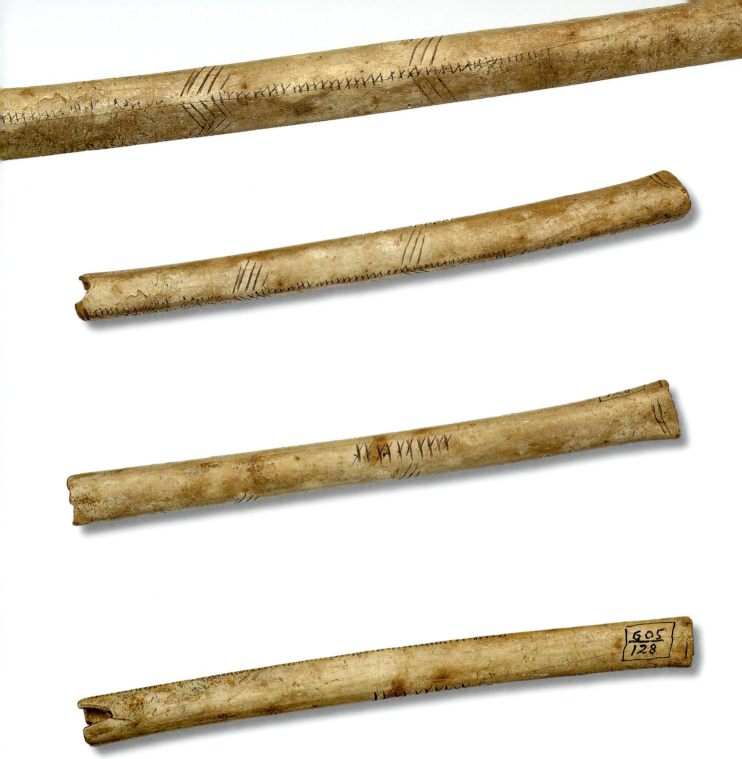

3.2.39

带纹饰的针筒

Игольник с орнаментом

3.2.40

平头柄首凿形工具

Долотовидное орудие с плоским навершием

勺子

Ложечка

勺形器

Совочек

3.3.1

589 / 284

泥灰岩球（底部有钉状突）

Шарик с шипом в основании из мергеля

3.3.2

598 / 207

猛犸象牙球（底部有钉状突）

Шарик с шипом в основании из бивня

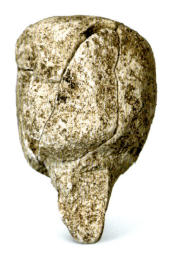

3.3.3

616 / 85

泥灰岩球（底部有钉状突）

Шарик с шипом в основании из мергеля

3.3.4

617 / 140

猛犸象牙球（底部有钉状突）

Шарик с шипом в основании из бивня

带纹饰的肢梢

Метаподий с орнаментом

带纹饰的肢梢

Метаподий с орнаментом

带纹饰的肢梢

Метаподий с орнаментом

带纹饰的肢梢

Метаподий с орнаментом

带纹饰的肢梢

Метаподий с орнаментом

带纹饰的肢梢

Фаланга с орнаментом

带纹饰的肢梢

Фаланга с орнаментом

带纹饰的肢梢

Фаланга с орнаментом

象牙质肢梢仿制品

Метаподий из бивня

象牙质肢梢仿制品

Метаподий из бивня

扁平状球形物

Шаровидное изделие уплощённой формы

3.3.16

617 / 161

锥形球

Шаровидное изделие конусовидной формы

3.3.17

629 / 63

球形物

Шаровидное изделие округлой формы

3.3.18

565 / 4

骨棒

Стерженёк

3.3.19

598 / 244

骨棒

Стерженёк

3.3.20

629 / 56

带纹饰的骨棒

Стержень с орнаментом

3.3.21

477 / 4465

船形器

Поделка ладьевидной формы

象牙制品

Поделка из бивня

象牙制品

Поделка из бивня

东欧平原近冰川地带的旧石器时代猎人——阿夫杰耶沃遗址

3.3.24

565 / 181

角制品

Поделка из рога

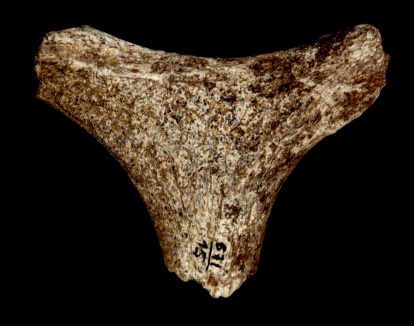

3.3.25

671 / 15

角制品

Поделка из рога

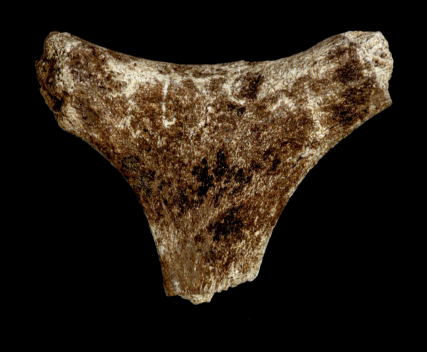

3.3.26

589 / 3

带纹饰的泥灰岩断块

Обломок мергеля с орнаментом

3.3.27

589 / 132

泥灰岩半球

Полусфера из мергеля

3.3.28

625 / 1

带切口的骨头

Кость с нарезками

3.4.1

474 / 5327

冠状头饰

Диадема

3.4.2

573 / 78

冠状头饰

Диадема

3.4.3

617 / 96

冠状头饰

Диадема

3.4.4

474 / 5330

冠状头饰

Диадема

冠状头饰

Диадема

3.4.6

477 / 4529

冠状头饰

Диадема

3.4.7

633 / 66

手镯

Браслет

3.4.8

477 / 4325

丁镯

Браслет

3.4.9

纽扣

Пуговица

3.4.10

617 / 220

用椎骨做的料珠

Бусина из позвонка

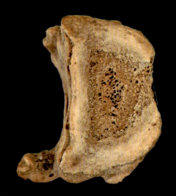

3.4.11

598 / 106

骨管

Бусина из трубчатой кости

3.4.12

598 / 242

骨管

Бусина из трубчатой кости

3.4.13

578 / 83

用象牙制作的爪形吊坠

Когтевидная подвеска из бивня

3.4.14

605 / 16

用象牙制作的爪形吊坠

Когтевидная подвеска из бивня

3.4.15

565 / 109

用牙齿制作的吊坠

Подвеска из зуба

3.4.16

617 / 211

用牙齿制作的吊坠

Подвеска из зуба

铃铛形吊坠

Калачиковидная подвеска

铃铛形吊坠

Калачиковидная подвеска

3.5.1

474 / 5530

用骨头制作的猛犸象雕像

Статуэтка мамонта из кости

用砂岩制作的猛犸象雕像

Статуэтка мамонта из песчаника

用砂岩制作的猛犸象雕像
Статуэтка мамонта из песчаника

用象牙制作的马形雕像
Фигурка лошади из бивня

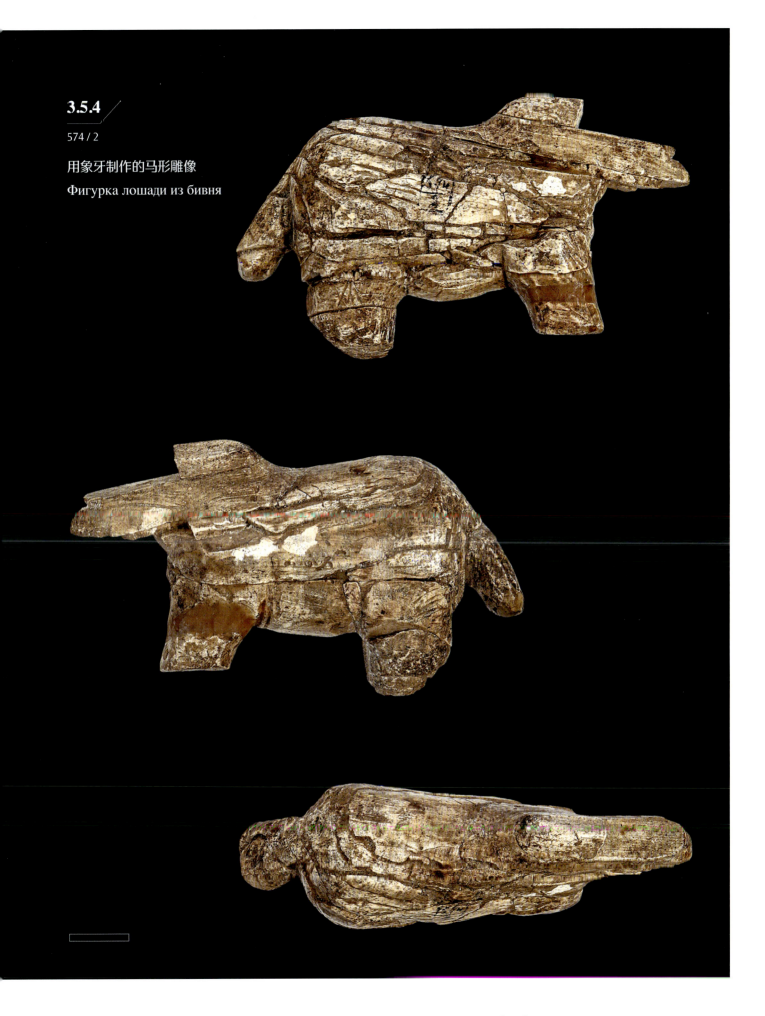

3.5.5

477 / 4479

动物头像

Изображение головы животного

3.5.6

477 / 4445

动物头像

Изображение головы животного

用骨头做的人形雕像

Антропоморфное изображение из кости

用骨头做的人形雕像

Антропоморфное изображение из кости

3.5.9

474 / 5286

用象牙制作的女性雕像

Статуэтка женская из бивня

3.5.10

474 / 5287

用象牙制作的女性雕像

Статуэтка женская из бивня

用象牙制作的女性雕像

Статуэтка женская из бивня

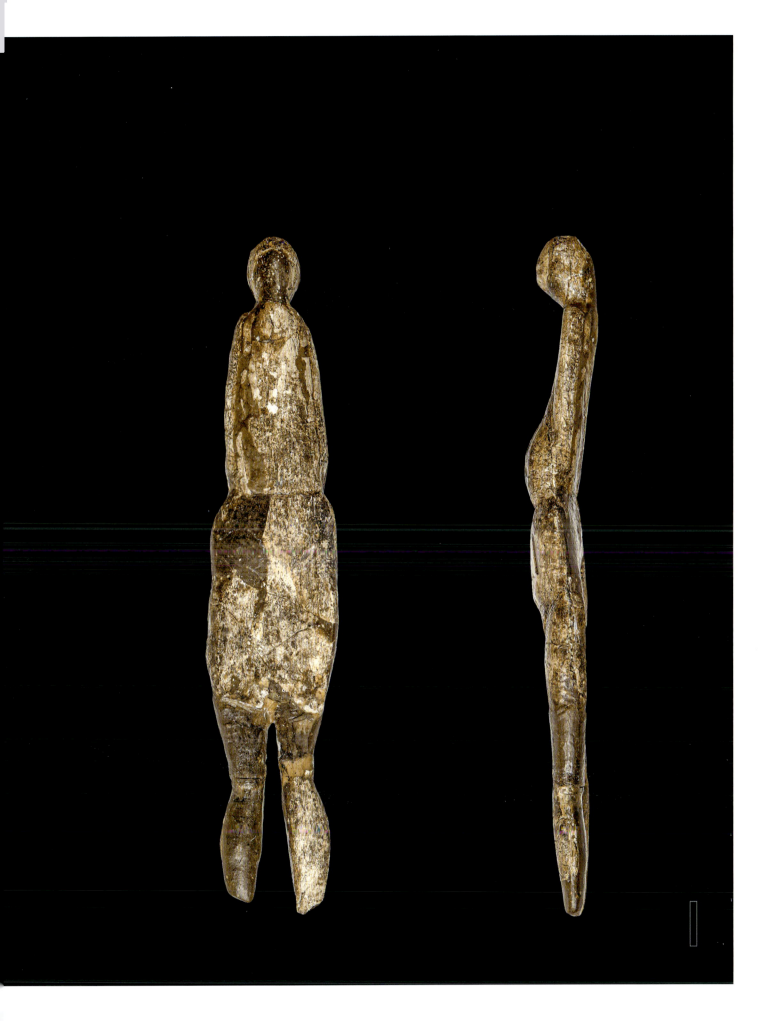

用象牙制作的人形雕像

Статуэтка антропоморфная из бивня

3.5.13

570 / 50

用象牙制作的女性雕像

Статуэтка женская из бивня

3.5.14

用象牙制作的女性雕像

Статуэтка женская из бивня

用象牙制作的女性雕像

Статуэтка женская из бивня

用象牙制作的女性雕像

Статуэтка женская из бивня

3.5.17

617 / 80

用象牙制作的女性躯干雕像

Торс женской статуэтки из бивня

用象牙制作的女性雕像

Статуэтка женская из бивня

3.5.19

616 / 16

用泥灰岩制作的女性雕像

Статуэтка женская из мергеля

用泥灰岩制作的女性雕像

Статуэтка женская из мергеля

用泥灰岩制作的女性雕像
Статуэтка женская из мергеля

泥灰岩雕像的头部

Голова статуэтки из мергеля

泥灰岩雕像的头部

Голова статуэтки из мергеля

泥灰岩雕像的头部

Голова статуэтки из мергеля

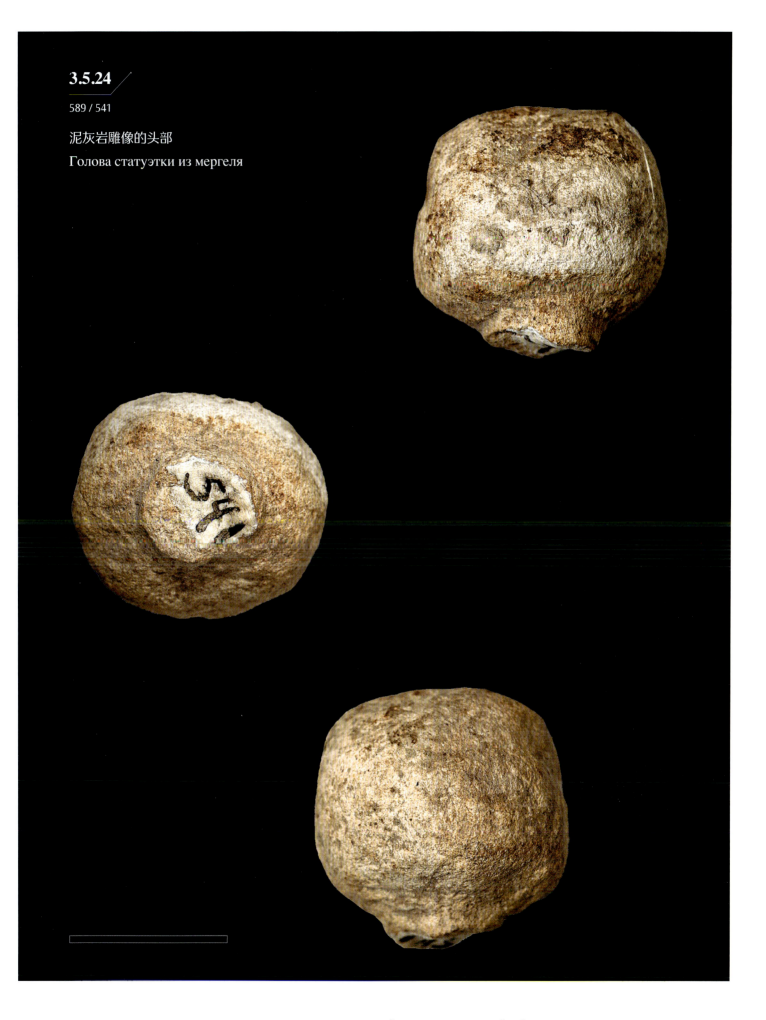

泥灰岩雕像的头部

Голова статуэтки из мергеля

泥灰岩雕像的躯干

Торс статуэтки из мергеля

泥灰岩雕像的胸部
Грудь статуэтки из мергеля

泥灰岩雕像的胸部

Грудь статуэтки из мергеля

3.5.29

589 / 281

泥灰岩雕像的腿

Нога статуэтки из мергеля

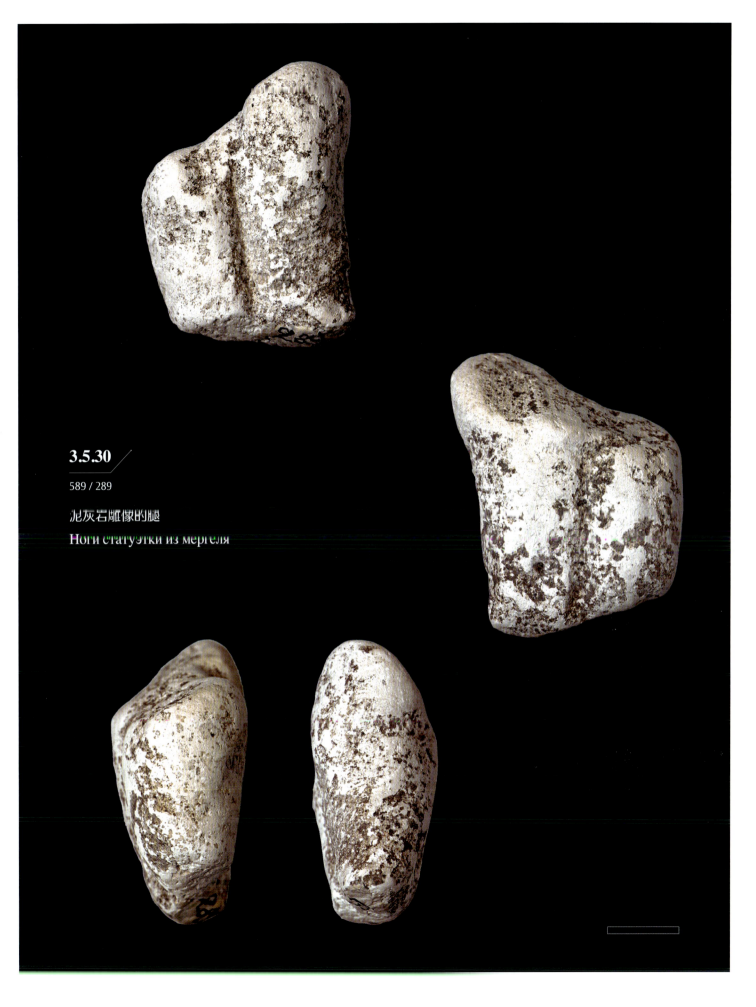

3.5.30

589 / 289

泥灰岩雕像的腿
Ноги статуэтки из мергеля

阿尼科维奇等 2019——阿尼科维奇 M.V.、利西岑 S.N.、普拉托诺娃 N.I.、波波夫 V.V.、杜丁 A.E.、费久宁 I.V.《欧洲旧石器时代的人类与猛犸象》。圣彼得堡：ARS LONGA, 2019。

布里切娃等 2016——布里切娃 S.S., 康迪诺夫 M.N., 马塔索夫 V.M. 库尔斯克地区阿夫杰耶沃旧石器时代晚期遗址使用 GPR 研究的经验 // 莫斯科国立大学学报。第 23 辑：人类学。2016（4）.132~143 页。

布里切娃等 2019——布里切娃 S.S., 马塔索夫 V.M., 帕列诺夫 A. Yu, 康迪诺夫 M.N., 梅德韦杰夫 S.P., S 索罗金 A.N. 地球物理、地貌研究和地理信息技术在古人类遗址研究中的复合应用 // "现代自然科学和人文科学问题及其在加强国际科学联系中的作用"国际科学会议论文集。杜尚别，2019.149~151 页。

布罗奇尼科娃 2008——布罗奇尼科娃 E.V. 考古和自然科学数据系统中旧石器时代晚期遗址的年代学 // 石器时代的年代学、分期和跨文化关系（扎米亚特宁斯基文集；vol. 1）/ 主编：赫洛帕切夫 G.A.。圣彼得堡：科学，2008 63~73 页。

布罗奇尼科娃 2012——布罗奇尼科娃 E.V. 阿夫杰耶沃：遗迹间的空间 // 欧亚大陆的原始古物。纪念索罗金诞辰 60 周年 / 主编：奥希布金娜 S.V.。莫斯科：IARAN, 2012.37~58 页。

维利奇科 1961——维利奇科 A.A. 俄罗斯平原中部旧石器时代晚期的地质年代。莫斯科，1961。

沃耶沃德斯基 1948——沃耶沃德斯基 M.V. 1946 年德斯宁斯克考察的重要成果 // 物质文化史研究所简报。1948. Vol. 36~44 页。

沃耶沃德斯基，阿里克霍娃 - 沃耶沃德斯卡娅 1950——沃耶沃德斯基 M.V., 阿里克霍娃 - 沃耶沃德斯卡娅 A.E. 阿夫杰耶沃旧石器时代遗址。// 物质文化史研究所简报。1950.Vol. XXXI.7~16 页。

格沃兹多维尔 1953——格沃兹多维尔 M. D. 阿夫杰耶沃遗址的骨加工和骨制品 // 苏联旧石器时代和新石器时代。苏联考古学资料与研究。T.39. / 编者：奥克拉德尼科夫 A.P.. 莫斯科，列宁格勒：苏联科学院考古研究所，1953.192~226 页。

格沃兹多维尔 1958——格沃兹多维尔 M. D. 阿夫杰耶沃遗址及其在旧石器时代晚期遗址中的地位 // 博士学位论文。莫斯科，1958。

格沃兹多维尔 1973——格沃兹多维尔 M.D. 1972 年阿夫杰耶沃旧石器时代遗址研究报告 // 莫斯科国立大学人类学研究所与博物馆考古库房科学档案。

格沃兹多维尔 1985——格沃兹多维尔 M.D. 科斯京科夫旧石器文化女性雕像的类型学 // 人类学问题。1985（5）.27~66 页。

格沃兹多维尔 1998——格沃兹多维尔 M.D., 阿夫杰耶沃旧石器时代晚期遗址燧石制品 // 东格拉维特 / 主编：阿米尔哈诺夫 H.A。莫斯科：科学世界，1998.224~279 页。

格沃兹多维尔，苏勒日茨基，1979——格沃兹多维尔 M. D., 苏勒日茨基 L. D., 关于阿夫杰耶沃旧石器时代遗址的放射性碳年代 // 第四纪研究委员会公报 .1979（49）.144~146 页。

格里布琴科等 2001——格里布琴科 Y.N., 库雷恩科娃，E.I., 诺文科 E.Y., 季米列娃 S.N. 阿夫杰耶沃遗址的地质和地貌条件 // 布洛齐尼科娃 E.V. 2000 年阿夫杰耶沃旧石器时代遗址发掘报告。

古博尼纳 1977——古博尼纳 Z.P. 阿夫杰耶沃旧石器时代晚期遗址古植物学研究的初步结果 // 古代人类生态学 . 莫斯科：科学，1977.57~74 页。

康迪诺夫 2018——康迪诺夫 M. N. 库尔斯克地区燧石的矿物学研究（考古方面）// 莫斯科国立大学学报。第 23 辑：人类学 . 2018（2）.132~143 页。

梅德韦杰夫等 2019——梅德韦杰夫 S.P., 康迪诺夫 M. N., 扬尤什金娜 A. S. 旧石器时代遗址南部外围的研究 // 考古发现 2017 年 . 2019. 156~157 页。

梅德韦杰夫等 2020——梅德韦杰夫 S.P., 康迪诺夫 M.N., 科罗斯特 D.V., 拉夫罗夫 A.V., 乌斯宾斯卡娅 O.I. 阿夫杰耶沃旧石器时代遗址出土带穿孔的狼尾椎骨 // 莫斯科国立大学学报。第 23 辑：人类学。2020（2）.147~151 页。

罗加乔夫 1953——罗加乔夫 A. N.1949 年塞马河畔阿夫杰耶沃村附近原始公社聚落遗迹的研究 // 苏联旧石器时代和新石器时代。苏联考古学资料与研究 . T .39. / 主编：奥克拉德尼科夫 A.P.. 莫斯科，列宁格勒：苏联科学院考古所，1953.137~191 页。

罗加乔夫 1957——A. 罗加乔夫 . 顿河畔科斯京科 – 博尔舍夫斯基地区多层位遗址和俄罗斯平原旧石器时代晚期文化发展问题 // 苏联旧石器时代和新石器时代。苏联考古学资料与研究 . T .59. / 编者：奥克拉德尼科夫 A.P.. 莫斯科，列宁格勒：苏联科学院考古所，1957.9~134 页。

辛尼琴，普拉斯洛夫 1997——辛尼琴 A.A., 普拉斯洛夫 N.D. 东欧和北亚旧石器时代的放射性碳年代学。问题与展望 . 圣彼得堡：俄罗斯科学院物质文化史研究所，1997 年。

夏维廖夫 2019——夏维廖夫 S.P. 旧石器时代阿夫杰耶沃的发现者：萨姆索诺夫（1886~1964）。// 上顿斯克考古文集 .2019.11 辑 .509~522 页。

格沃兹多维尔 1995——格沃兹多维尔 M.D. 猛犸象猎人的艺术。牛津，1995 年。

梅德韦杰夫等 2019——梅德韦杰夫 S.P.、康迪诺夫 M.N.、拉夫罗夫 A.V.、特拉申科 K.K.。阿夫杰耶沃旧石器时代遗址调查：中期成果与展望 // 全球考古学与人类学杂志。2019.V.8,（3）.38~41 页。

帕宁等 2017——帕宁 A., 阿达米耶克 G., 布伊莱特 J.-P., 马特拉霍娃 E., 莫斯卡 P., 诺文科 E. 俄罗斯中西部平原第聂伯河中游流域两种晚更新世气候驱动的侵蚀 / 沉降节奏 // 第四纪科学评论 .2017（166）.266~288 页。

斯沃博达 J. 1994——斯沃博达 J. 1994. 空间分布和类型学 // 1952~53 年帕夫洛夫 1 号发掘。主编：斯沃博达 J. 列日大学考古研究。Vol.2（66） 40~50 页。

斯沃博达 J. 1996——斯沃博达 J. 1996. 巴普洛韦人：类型和行为 // 中达纳乌比地区的旧石器时代 . 主编：斯沃博达 J. Spisy archeologickeho ustavu av CR v Brne.Brno.Sv.5.

瓦洛奇 1981——瓦洛奇 K.Beitrag zur Kenntnis des Pavlovien //Archeologick é Rozhledy Praha.-1981.- T . 33（3）.279~298 页。

СПИСОК ЛИТЕРАТУРЫ

Аникович и др. 2019 — Аникович М.В., Лисицын С.Н., Платонова Н.И., Попов В.В., Дудин А.Е., Федюнин И.В. *Человек и мамонт в палеолите Европы*. СПб.: ARS LONGA, 2019.

Бричёва и др. 2016 — Бричёва С.С., Кандинов М.Н., Матасов В.М. Опыт использования георадарных исследований на позднепалеолитической стоянке Авдеево в Курской области // *Вестник Московского университета. Серия 23: Антропология*. 2016. № 4. С. 132–143.

Бричёва и др. 2019 — Бричёва С.С., Матасов В.М., Паленов А.Ю., Кандинов М.Н., Медведев С.П., Сорокин А.Н. Комплекс геофизических, геоморфологических исследований и геоинформационных технологий для изучения стоянок древнего человека // *Материалы Международной научной конференции «Современные проблемы естественных и гуманитарных наук, их роль в укреплении научных связей между странами»*. Душамбе, 2019. С. 149–151.

Булочникова 2008 — Булочникова Е.В. Хронология верхнепалеолитических стоянок в системе археологических и естественнонаучных данных // *Хронология, периодизация и кросс-культурные связи в каменном веке (Замятнинский сборник; вып. 1)* / Ред. Г.А. Хлопачев. СПб.: Наука, 2008. С. 63–73.

Булочникова 2012 — Булочникова Е.В. Авдеево: межобъектное пространство // *Первобытные древности Евразии. К 60-летию Алексея Николаевича Сорокина.* / Под ред. С.В. Ошибкиной. М.: ИА РАН, 2012. С. 37-58.

Величко 1961 — Величко А.А. *Геологический возраст верхнего палеолита центральной части Русской равнины*. М., 1961.

Воеводский 1948 — Воеводский М.В. Важнейшие итоги Деснинской экспедиции 1946 г. // *Краткие сообщения Института истории материальной культуры*. 1948. Вып. XX. С. 36–44.

Воеводский, Алихова-Воеводская 1950 — Воеводский М.В., Алихова-Воеводская А.Е. Авдеевская палеолитическая стоянка. // *Краткие сообщения Института истории материальной культуры*. 1950. Вып. XXXI. С. 7–16.

Гвоздовер 1953 — Гвоздовер М. Д. Обработка кости и костяные изделия Авдеевской стоянки // *Палеолит и неолит СССР. Материалы и исследования по археологии СССР. Т. 39.* / Под ред. А.П. Окладникова. М., Л.: Изд-во АН СССР, 1953. С. 192–226.

Гвоздовер 1958 — Гвоздовер М. Д. Авдеевская стоянка и ее место среди памятников позднего палеолита // *Диссертация на соискание ученой степени кандидата исторических наук*. М., 1958.

Гвоздовер 1973 — Гвоздовер М.Д. Отчет об исследовании Авдеевской палеолитической стоянки в 1972 году // Научный архив фонда археологии Научно-исследовательского института и Музея антропологии МГУ.

Гвоздовер 1985 — Гвоздовер М.Д. Типология женских статуэток костёнковской палеолитической культуры // *Вопросы антропологии*. 1985. № 75. С. 27–66.

Гвоздовер 1998 — Гвоздовер М.Д. Кремневый инвентарь Авдеевской верхнепалеолитической стоянки // *Восточный граветт* / Под. ред. Х.А. Амирханова. М.: Научный мир, 1998. С. 224–279.

Гвоздовер, Сулержицкий, 1979 — Гвоздовер М. Д., Сулержицкий Л. Д. О радиоуглеродном возрасте Авдеевской палеолитической стоянки //*Бюллетень комиссии по изучению четвертичного периода*.1979.№. 49. С. 144–146.

Грибченко и др. 2001 — Грибченко Ю.Н., Куренкова, Е.И., Новенко Е.Ю., Тимирева С.Н. Геолого-геоморфологические условия залегания стоянки Авдеево // Булочникова Е.В. Отчет о раскопках Авдеевской палеолитической стоянки в 2000 году.

Губонина 1977 — Губонина З.П. Предварительные результаты палинологического изучения Авдеевской позднепалеолитической стоянки // *Палеоэкология древнего человека*. М.: Наука, 1977. С. 57–74.

Кандинов, 2018 — Кандинов М. Н. Минералогическое исследование кремней Курской области (археологические аспекты) // *Вестник Московского университета. Серия 23: Антропология*. 2018. № 2. С. 132–143.

Медведев и др. 2019 — Медведев С. П., Кандинов М. Н., Янюшкина А. С. Исследования южной периферии Авдеевской палеолитической стоянки // *Археологические открытия. 2017 год*. 2019. С. 156–157.

Медведев и др. 2020 — Медведев С.П., Кандинов М.Н., Корост Д.В., Лавров А.В., Успенская О. И. Хвостовой позвонок волка (canis lupus) со сквозным отверстием с верхнепалеолитической стоянки Авдеево // *Вестник Московского университета. Серия 23: Антропология. 2020*. № 2. С. 147–151.

Рогачев 1953 — Рогачев А. Н. Исследование остатков первобытно–общинного поселения у с. Авдеева на р. Сейме в 1949 г. // *Палеолит и неолит СССР. Материалы и исследования по археологии СССР. Т. 39.* / Под ред. А.П. Окладникова. М., Л.: Изд-во АН СССР, 1953. С. 137–191.

Рогачев 1957 — Рогачев А. Н. Многослойные стоянки Костёнковско-Борщевского района на Дону и проблема развития культуры в эпоху верхнего палеолита на Русской равнине // *Палеолит и неолит СССР. Материалы и исследования по археологии СССР. Т. 59.* / Под ред. А.П. Окладникова. М., Л.: Изд-во АН СССР, 1957. С. 9–134.

Синицын, Праслов 1997 — Синицын А.А., Праслов Н.Д. *Радиоуглеродная хронология палеолита Восточной Европы и Северной Азии. Проблемы и перспективы.* СПб.: ИИМК РАН, 1997.

Щавелёв 2019 — Щавелёв С.П. Первооткрыватель палеолитического Авдеева: Владимир Иванович Самсонов (1886–1964). // *Верхнедонской археологический сборник.* 2019. Вып. 11. С. 509–522.

Gvozdover 1995 — Gvozdover M. D. *Art of the Mammoth Hunters.* Oxford: Oxbow Monograph, 1995.

Medvedev et al. 2019 — Medvedev S.P., Kandinov M.N., Lavrov A.V., Tarasenko K.K. Investigation of the Avdeevo Paleolithic Site: Intermediate Results and Perspectives //*Global Journal of Archaeology and Antropology*. 2019. V. 8, № 3. P. 38-41.

Panin et al. 2017 — Panin A., Adamiec G., Buylaert J.-P., Matlakhova E., Moska P., Novenko E. Two Late Pleistocene Climate-Driven Incision/Aggradation Rhythms in the Middle Dnieper River Basin, West-Central Russian Plain // *Quaternary Science Reviews*. 2017. №166. P. 266–288.

Svoboda J. 1994 — Svoboda J. 1994. Spatial distribution and typology // Pavlov I excavations 1952-53. Ed. Svoboda J. Etudes et recherche archaeologiques deTUniversite de Liege. The Dolni Vestonice Studien. Vol.2, № 66, p.40-50.

Svoboda J. 1996 — Svoboda J. 1996. The Pavlovian: Typology and behaviour // Paleolitic in Middle Danaube region. Ed. Svoboda J. Spisy archeologickeho ustavu av CR v Brne. Brno. Sv.5.

Valoch, 1981 — Valoch K. Beitrag zur Kenntnis des Pavlovien //Archeologické Rozhledy Praha. – 1981. – T. 33. – №. 3. – C. 279–298.

《东欧平原近冰川地带的旧石器时代猎人——阿夫杰耶沃遗址》一书如今终得付梓。作为本书的编者，我们深感荣幸能见证这 ·重要考古成果的系统呈现，更由衷敬佩几代考古学者在阿夫杰耶沃遗址研究中的执着探索与学术积淀。

阿夫杰耶沃遗址的发现与研究，堪称旧石器时代考古的典范。自 1941 年偶然出土第一枚猛犸象牙至今，历经八十余载的发掘与阐释，这片土地不仅揭示了东欧平原近冰川地带人类适应极端环境的生存智慧，更以丰富的物质遗存构建起科斯京科 – 阿夫杰耶沃文化的完整图景。本书通过对遗址三个居址群的系统分析，首次完整呈现了该遗址的聚落结构、石器工艺、骨器艺术及精神信仰体系，特别是旧石器时代"维纳斯"雕像的发现，为解读格拉维特文化的象征体系提供了关键线索。放射性碳测年技术的应用、地球物理勘探等新方法的引入，更凸显了多学科交叉研究在当代考古学中的革新意义。

在此，编委会向参与阿夫杰耶沃遗址发掘与研究的俄罗斯学者致以崇高敬意。前人的学术传承铸就了这部厚重的书稿。同时，中俄联合团队的协作模式——莫斯科国立大学与吉林大学紧密合作——为欧亚大陆旧石器时代研究树立了国际合作的新范式。

本书的出版不仅是对过往研究的总结，更是未来探索的起点。遗址中尚未完全公布的居址群间、石器组合和艺术品的时空关系等议题，仍待更深入地微观分析与宏观比较。我们期待阿夫杰耶沃遗址能成为连接东欧平原与欧亚大陆旧石器文化研究的枢纽，在环境考古、技术传播与象征体系研究中持续发挥关键作用。

考古学的魅力在于它既是历史的解读者，更是文明对话的推动者。愿这部凝结着学者智慧与汗水的著作，能够激发更多关于人类适应力、创造力与文化多样性的思考，为构建欧亚大陆史前史的整体叙事贡献新的学术坐标。

最后，要感谢团队和个人为本书做出的贡献。首先要特别感谢本丛书的总策划张全超教授和 A.P. 布日洛娃院士，为系列丛书选定了一个优秀的开篇选题，并全程给予指导。中方的编辑，孙丹女士严谨地完成全书的编辑、出版工作，其提出术语规范化建议、跨文化表述修正方案，显著提升了本书的学术精准度与文本可读性。杨庆舒女士在编辑书稿过程中提供了大量协助。感谢蔡大伟、王春雪教授提供了宝贵的学术意见。更要感谢俄罗斯的同仁——本书的主要作者 S.P. 梅德韦杰夫，副主编 A.V. 苏霍娃、A.A. 穆欣等的大力协作参与。

本书主编

ПОСЛЕСЛОВИЕ •

Издание монографии «Палеолитические охотники приледниковой зоны восточно-европейской равнины: Стоянка Авдеево» стало важным этапом в систематизации результатов многолетних археологических исследований. Как редактор этого труда, мы испытываем глубокую признательность за возможность представить научному сообществу этот значимый проект, а также восхищаемся самоотверженным трудом нескольких поколений археологов, посвятивших себя изучению Авдеевской стоянки.

Открытие и исследование Авдеевского памятника по праву считаются эталоном в палеолитоведении. С момента случайной находки первого бивня мамонта в 1941 году за восемь десятилетий раскопок эта территория не только раскрыла стратегии адаптации человека к экстремальным условиям приледниковой зоны, но и сформировала целостную картину костенковско-авдеевской культуры через богатейший материальный комплекс. В настоящей монографии впервые систематизирована структура поселения, каменная и костяная индустрии, а также духовные практики трех жилых комплексов стоянки. Особое значение имеет обнаружение палеолитических «венер», предоставивших ключ к расшифровке символического языка граветтской культуры. Применение радиоуглеродного датирования и геофизических методов подчеркивает революционную роль междисциплинарных подходов в современной археологии.

Редакционный совет выражает глубокую благодарность российским коллегам – наследникам славных традиций отечественной археологической школы. Особого упоминания заслуживает новаторский формат российско-китайского сотрудничества, объединившего исследователей МГУ и Цзилиньского университета, который стал новой моделью международного взаимодействия в изучении палеолита Евразии.

Издание этой книги – не итог, а отправная точка для будущих исследований. Хроно-пространственные взаимосвязи между жилыми комплексами, вариативность каменных индустрий и проблемы интерпретации артефактов искусства требуют детальных микроанализов и макрорегиональных сопоставлений. Мы надеемся, что Авдеево станет ключевым узлом в изучении палеолитических культур Восточной Европы и Евразии, способствуя прогрессу в исследованиях палеосреды, диффузии технологий и семантики древнего искусства.

Археология, будучи интерпретатором прошлого, выступает мостом для диалога цивилизаций. Пусть этот труд, вобравший в себя интеллектуальные достижения многих ученых, вдохновит новые исследования об адаптивности, креативности и культурном разнообразии древнего человечества, обогатив глобальные реконструкции предыстории Евразии.

Отдельная благодарность академику Бужиловой А.П. и профессору Чжан Цюаньчао за стратегическое руководство издания тома серии. Российские коллеги С.П. Медведев (автор),

А.В. Сухова и А.А. Мухин приняли непосредственное участие в подготовке издания.

Китайские редакторы – г-жа Сунь Дань, обеспечившая лингвистическую точность и кросс-культурную адаптацию текста, г-жа Ян Циншу, оказавшая техническую поддержку, профессоры Цай Давэй и Ван Чуньсюэ – внесли неоценимый вклад.

Главный редактор